増補版 大学広報を知りたくなったら読む本

谷ノ内 識

大学教育出版

増補版の発刊にあたって

２０２１年12月の初版の発刊から1年で2刷となりました。この度3刷を迎えるにあたり、未収録分を第6章として追加し、増補版として発刊しました。

この間、多くの大学関係者はもちろん、大学に関心のある一般の方、大学を取材するメディアの記者からも購読の感想をいただきました。本書がきっかけとなり講演や意見交換で各地の大学を訪問する機会もいただき、筆者にとっても気づきを得られる貴重な場となりました。この場を借りて改めてお礼申し上げます。

追加した第6章は、『月刊広報会議』の２０２１年10月号から２０２２年2月号まで掲載した「大学広報ゼミナール」の5回分を再編集したものです。２０２１年夏にアンケート調査を行った国公立大学広報の分析結果や、筆者が提唱しているデジタル時代の大学広報としての「大学のメディア化」などを取り上げています。

掲載当時の内容で少し古く感じるかもしれませんが、今読み返しても本質は変わっていません。また第1章から第5章については加筆・修正は行わず2刷と同じ内容です。増補版をもって完全本となった本書をぜひご一読いただければ幸いです。

ところで、私事で恐縮ですが、筆者自身にも大きな変化がありました。発刊当時は大阪の追手門学院の広報課長でしたが、その後次長との兼務となり、さらに２０２４年4月から東京・巣鴨にある大正大学地域創生学部地域創生学科の教員として教育と研究に取り組んでいます。

ライフワークの大学広報と並行して、兵庫県三木市での広報アドバイザーの実践を生かして地方自治体の広報、行政広報についても研究領域を広げています。また、大学業界の広報活動への理解促進と広報担当者のネットワークづくりに向け、大学の枠にとらわれない広報勉強会を開催しています。

筆者が大学広報の研究を志して20年が経ちました。当時はＮＨＫで記者をしており大学へ取材に行っても広報担当者がおらず、たらい回しにされることもしばしばありました。今やそうした場面に遭うことは少なくなったと思いますが、それでもたまにメディアの記者から「大学業界の広報に対する姿勢はどうなっているのか？」との質問が筆者に寄せられます。

18歳人口の減少をはじめ、大学を取り巻く環境は厳しくなる一方です。社会に必要とされ、社会に開かれた大学であるために、本書がその一助になれば望外の喜びです。

２０２４年年9月17日

大阪から東京へ向かう新幹線から霞む富士山を眺めながら

谷ノ内　識

はじめに

本書は株式会社宣伝会議が発行する、わが国唯一の広報・ＩＲ・リスクの専門メディア『月刊広報会議』に、「大学広報ゼミナール」と題して２０１９年2月号から２０２１年9月号まで掲載した30回分を加筆・修正し、５章に分けて再編集したものです。ここでいう「大学広報」は、入試志願者の獲得を目的とした入試広報とは別の、企業でいうコーポレートコミュニケーションのことです。

主に大学で広報業務に携わる方に向けた内容ではありますが、広報に対する考え方や大学業界全体のトレンドと課題、それらに対応した具体例を網羅しています。大学の広報担当者やその他の職員はもちろん、企業や自治体の広報担当者、広報そのものに興味のある一般の方にもぜひ一読いただければと思います。

本書を企画した２０２１年は大学の広報担当者が脚光を浴びた初めての年となりました。本書でも取り上げましたが、大学の広報マンが主人公のＮＨＫドラマ『今ここにある危機とぼくの好感度について』が２０２１年４月から５回連続で放送されました。大学はもちろん大学外でも反響を呼び、筆者にも朝日新聞の記者から取材依頼がありました。大学時代は文学部で考古学専攻、テレビ局出身の大学の広報マンという経歴は、奇しくもドラマの主人公と重なることばかりで興味を持ったとのことでした。

ただこういった機会に恵まれたのは、ほとんど誰も研究をしていなかった大学の広報をテーマに大学院に社会人入学し、修士2年、博士5年とひたすら研究を続け学会発表や論文はもちろん『月刊広報会議』での連載といった基礎基盤があったからこそだと思っています。この、大学の広報が注目された千載一遇の年に本書を通じてより多くの方に大学の広報の知られざる世界を知っていただき、広報はもとより大学職員を志す人が増えることにつながればと密かに期待しています。

筆者の自己紹介をさせていただくと、新卒でＮＨＫに入局し、地方局での約7年の記者経験を経て、追手門学院というこども園から大学・大学院までである総合学園の学校法人で広報の現場責任者をしています。それと同時に「理論と実践の融合」を理念に大学広報の研究を続けています。元記者、広報マン、研究者というわけですが、研究にあたって心がけていることは、２０１９年2月20日付日本経済新聞に掲載された教育社会学者の竹内洋氏の言葉です。「文系学部存続の道」という表題でインタビューに答えた竹内氏は最後に次のように語っています。「昔、社会学者の清水幾太郎が言っています。アカデミズムはもっとジャーナリスティックになるべきで、ジャーナリズムはもっとアカデミックになるべきだと。学会もよい意味でのジャーナリズム、つまり一般に理解される表現をもう少し取り入れる気持ちをもたないとだめやということではないですかね」と。

記者も実践も研究も知る筆者への期待ではないかと錯覚しただけでなく、自分が進むべき道を端的に表した言葉だと強く感銘を受けました。本書の元となった『月刊広報会議』での連載開始からこれを実践し、筆者自身の研究成果や文部科学省のデータも引用しながら初めて読む方にも分かりやすい表現を心がけ、ジャーナリスティックに従来の大学の広報では語られなかった視点やテーマでまとめました。その意味ではビジネス書を目指しました。書いてあることは何も特別なことではありません。一見当たり前のような内容に思われるかもしれませんが、その背景には裏付けとなるデータや理論が存在しています。背景や考え方を知れば他大学（他組織）の取り組みをそのまま真似するのではなく、自大学（自組織）の経営戦略や組織文化に合った独自の取り組みへと発展させることができるからです。本書ではそうした背景や考え方を重視しています。

最後に本書の構成を紹介します。

第1章は「大学広報」に関する概論です。初出は『月刊広報会議』２０１９年2月号から2

019年7月号です。少し古いデータがありますが今振り返ってみても基本的な考え方は変わっておらず、大学業界自体も広報に関してはそれほど変化していないように思います。ここでは大学における広報活動について整理を行い、今後の方向性や課題を追手門学院大学での実践例と対比させて具体的に提示しました。

第2章は第1章を受けて追手門学院での実践事例をまとめました。初出は『月刊広報会議』2019年8月号、2019年10月号から2019年12月号、2020年6月号と7月号それに2020年9月号です。周年事業と呼ばれるイベント広報、スポーツチームとのスポンサーシップ、広報キャラクターの活用などを取り上げました。

第3章は「大学広報」を取り巻く課題について、データを交えてまとめました。初出は『月刊広報会議』2020年1月号から3月号、2020年10月号それに2021年7月号です。広報担当者の専門性や能力開発の現状から採用・配置、それに所属する組織の状況までをまとめたほか、近年、特に重要と認識されるようになった危機管理広報にも言及しました。

第4章は戦略広報と題して、戦略的に広報活動を展開していくための基盤となる考え方をまとめました。初出は『月刊広報会議』2020年5月号、2020年11月号、2021年1月号と2月号、2021年5月号、2021年8月号です。ブランディングやオウンドメディアの考え方とその展開事例、筆者の考える「大学広報のメディア化」までを解説しました。

第5章はその時々の話題に対して何を考え広報的に対応したのか、そのまとめです。初出は２０２０年8月号、２０２１年3月号と4月号、２０２１年6月号、２０２１年9月号です。２０２０年から２０２１年にかけての最大のトピックは新型コロナウイルス感染症の世界的大流行に尽きます。歴史的事象に対して「大学広報」はどうだったのか、記録としても重要だと考えています。また、「大学広報」そのものが全国的に注目された２０２１年春のＮＨＫドラマ『今ここにある危機とぼくの好感度について』に関しても、あえて研究者の立場から考察しました。

以上、多少の無理を承知で5章にまとめましたが、1回ごとに完結しており、どこから読んでいただいてもかまいません。参考になれば幸いです。

２０２１年10月

谷ノ内　識

大学広報を知りたくなったら読む本

目次

1

第1章 「大学広報」概論編

はじめに大学の広報活動とは何か、その機能とは。そしていまなぜ広報なのか、その背景とは。概論をまとめました。

1 激化する大学間競争

―「教職員全員」で広報活動私立中堅大学の挑戦―

「うちの大学はいいところがたくさんあるんだけど、広報がヘタで……」「そちらの大学の取り組みはユニークだとは思うのですが、大手私大や国立大学はしていませんよね。記事にするのは難しいですね……」。

追手門学院は2018年に創立130年を迎えた学校法人で、大学・大学院、2つの中・高等学校、小学校、認定こども園、合わせて5つの学校を設置し、0歳児から大学院生まで約1万人が在籍する総合学園です。

冒頭に挙げた会話のうち、前者は大学関係者から、後者は報道関係者から筆者がよく聞く一節です。どちらも大規模、有名、大手、入学難易度（偏差値）が高いなどの枕詞がつかない中堅以下の私立大学関係者にとって、一度は聞いたことのある一節ではないでしょうか？

18歳人口の減少が顕著な中で、入学者の大半を依然として国内に依存している我が国の大学において、入学者の獲得をはじめとした大学間競争は避けては通れない課題です。787ある国公私立大学（2018年度現在）の中で社会に存在意義を認められ、毎年の入学者をどう確保するのか。収入の70％以上を学費に頼り、大学全体の36％にあたる２１０校（私学事業団調べ）が定員割れになっている私立大学業界にとっては最優先事項です。

今回、中堅（以下の）私立大学の中から追手門学院大学に声をかけていただいたことを嬉しく思うとともに、大手と比べて人員や予算が潤沢とはいえない筆者らと同様の大学や企業などの広報担当者や経営者の皆さんのヒントになることを願い、追手門学院の挑戦をベースに筆者なりの考えをお伝えしていきたいと思います。

重視されるのは「社会的影響」

さて、連呼している中堅私立大学ですが、いったいどのような立ち位置なのでしょうか。入試志願者数のデータから考えてみたいと思います。

私立学校に対する補助金事業などを担う、日本私立学校振興・共済事業団（通称「私学事業団」）の「２０１８年度私立大学・短期大学等入学志願動向」を見てみましょう（図表１－１）。

私立大学５８２校の総志願者数が約４１６万人だったのに対し、入学定員３０００人以上と学生数で１万２０００人を超える大規模大学24校の総志願者数は約１９３万人でした。率にするとわずか４％の大学が総志願者の43％を占めたことになります。いかに大規模な大学の存在が大きいかが分かると思います。これらの大学は日本の私立大学のトップに位置し、各種ランキング本にも必ずランクインします。メディアも取材の際はこれらの大学を優先的に取り上げます。

なぜでしょうか。広報の仕事に関わったことのある方ならお分かりかと思いますが、メディアは社会的影響の大きさを重視します。社会的影響とは「関わる人がどれだけ多いか」です。総志願者の4割を占める大規模大学は受験生の関心を常に集め、学生数も卒業生数も当然多い。官公庁や大手企業で活躍する卒業生も多く、必然的に高い社会的影響力を持ちます。大学業界において同じ取り組みをしても中堅大学以下がなかなか取り上げられないのはある意味当然ともいえます。

そこで冒頭の一節です。中堅大学の「いいところ」は他大学と比べて本当に独自性や社会意義を持つのか。それを伝える先は大学周辺の地域か全国か、そして誰に、どのように伝えるのかを考えなければなりません。そしてその前提として自大学が社会に対してどのような存在でありたいかを示し、認識されるためのコミュニケーション活動を続けることで特色を際立たせる。社会に必要とされる存在にならなければ遠からず消えてしまうということを教職員で共有することも必要です。これらを体系的に取り組むことが戦略的な広報活動であり、人員も予算も潤沢ではない中堅以下の大学にとって、いかに全教職員で取り組めるかが勝負の分かれ目になると思います。本書ではこうした視点から中堅私大の広報活動について追手門学院大学の取り組みを参考に考えていきたいと思います。

２０１３年から６年連続志願者増

最後に追手門学院大学の立ち位置を２０１８年４月発行の『大学ランキング ２０１９』（朝日新聞出版）から確認したいと思います。同書は日本の大学のほぼすべてにあたる国公私立大学７７０校を網羅した総合評価誌です。

追手門学院大は経済、経営、地域創造、社会、心理、国際教養の文系６学部から成り学生数は約７０００人[1]です。「大学ランキング」では99位。私立大学に限って言えば71位とまさに中規模の中堅私大です。ちなみにベス

図表1−1　私立大学における規模別の志願者数

１校当たり入学定員区分	志願者数	入学定員充足率	集計大学数
100人未満	5,296人	92.6%	34校
100人以上200人未満	59,641人	95.81%	101校
200人以上300人未満	82,910人	99.36%	89校
300人以上400人未満	81,276人	98.24%	69校
400人以上500人未満	64,090人	100.81%	37校
500人以上600人未満	85,674人	103.68%	45校
600人以上800人未満	132,347人	103.64%	45校
800人以上1,000人未満	181,673人	109.42%	32校
1,000人以上1,500人未満	395,774人	104.31%	50校
1,500人以上3,000人未満	1,135,289人	104.96%	56校
3,000人以上	1,934,525人	100.57%	24校
合　計	4,158,495人	102.64%	582校

追手門学院大は２０１６年度からこの規模に

入学定員充足率は、入学者÷入学定員。
出所：日本私立学校振興・共済事業団「平成30 (2018)年度私立大学・短期大学等入学志願動向」

大阪府茨木市にキャンパスを置く追手門学院大学。2019年4月に開設した茨木総持寺キャンパス

ト5は日本大、早稲田大、立命館大、近畿大、明治大でいずれも3万人を超えています。広報も含めたマネジメントや教育・研究支援を担う専任職員数は約120人。100位以内にも入っていません。

組織的特長としては学生募集を特に重視し、入試制度の改廃と試験の実施、受験生へのプロモーション活動に特化した入試部を設けています。その入試部を間接的に支援し、社会とのリレーションの構築と大学を中心とする法人設置の各学校のコミュニケーション活動を支援するのが広報課です。広報課は2018年12月現在、課長と主任、それに派遣職員2人、合わせて4人の体制(2)です。経営のトップである理事長をはじめとした役員に近い部署でもあります。

追手門学院は2013年にガバナンス改革という組織改革を全国に先駆けて行い、迅速な意思決定体制を構築しました。入試制度改革、全教職員で取り組む学生支援の充実、それに教育体制の見直しを進めています。2019年4月には新キャンパスも開設(3)しました。そのプロセスと成果を広報課と全教職員で社会に発信できることが本学の広報活動の強みです。

一連の取り組みは、2013年度入試から6年連続の志願者増(4)、大学ランキングの「総志願者の増加数」(2017年度と2013年度の比較)で全国17位、関西では7位という成果に結びついています。志願者数だけが評価指標のすべてではありませんが、私立大学にとってはここを押さえておかなければ始まりません。収入の約7割が学費なのですから。

今回はあまり知られていない中堅私大の立ち位置と追手門学院大学について紹介しましたが、次節は事例を中心に組織と体制について考えてみたいと思います。

【注】

(1) その後定員増を行い、2021年5月1日現在で約8000人。
(2) 2021年4月現在は、課長、兼務の課長代理、課員、それに派遣職員3人の体制。
(3) 新キャンパスは、茨木総持寺キャンパスとして2019年4月に開設。
(4) 2021年4月現在で、9年連続の志願者増。

2 「大学広報3・0」時代に突入
――組織力を向上させる「経営機能としての広報」――

前節は大学業界、特に私立大学580校のヒエラルキーのトップに立つ大規模、有名、難関（入学偏差値が高い）大学とは一線を画す、追手門学院大学のような中堅以下の私立大学の立ち位置を中心に考えました。本節は、そうした社会的に注目されにくい中堅私立大学における広報担当部署（例えば広報課）の役割と体制について、追手門学院大学を例に考えます。

中堅以下の大学こそ広報担当部署が必要

2018年9月に東京大学 大学経営・政策コース編『大学経営・政策入門』（東信堂）が発売されました。東京大学には大学経営のマネジメントを担う高度専門職および研究者を養成する大学院のコースが設けられており、本書はそのコースの教授陣によるテキストです。「広報に関してはどのような記述があるのだろう」と楽しみにしながら読みました。

第7章に「学生の募集戦略」が設けられ、本質的な広報の役割として「大学はどのような大学であるか、どのような方向を目指しているのかを学内外に広く情報発信し明らかにすることが最も重要である」とまとめています。しかし具体的な施策への言及はなく、第7章第5節の「大学の情報公開・広報と学生募集」でも大半は情報公開の重要性に関する説明でした。

大学広報といえば財政に直結する志願者を（短期的に）増やすことに特化した広告や受験生向けのイベントなど、「入試広報」と呼ばれる部分が私立大学ではとりわけ重視され、本質的な経営機能としての広報報を担う部署も人材も不十分で体系化されていない、という背景が影響しているように思います。

文部科学省が全国の国公私立大学などを対象とした調査では（2012年10月公表）、広報担当部署が入試広報を業務としている大学の割合は、国立大学が27・1％に対して、公立大学が43・1％、私立大学が55・8％でした。国公私立の内訳は明らかにされていませんが、学生数規模別でみると、1000人以下の小規模校は65％以上であるのに対し、1万1人以上の大規模校では23・4％でした。ちなみに追手門学院大学が該当する5001人以上1万人以下では、40・2％でした。入試広報のウェイトが国立よりも私立、規模が小さい大学ほど高いことを示しています。

中堅以下の私立大学広報の担当者の多くが、毎年定期的に行う入試広報用の見学会の開催や広告を出稿しながらプレスリリースを作成し、事件・事故・不祥事などの不測の事態の発生時にはメディア対応も行うというせわしない情景が目に浮かびます。もっとも前回述べたように、中堅以下の私立大学はメディア（の背後にある社会）からの関心が低いポジションにいます。現状を認識せず、積極的な情報発信をしなければ取材の問い合わせが入ることもなく「入試広報中心で十分」ということになり、本質的な広報が付随的な業務になっている例も散見されます。

追手門学院大学も、広報課ができるまでは入試広報課の中に広報・ＰＲ部門を置いていました。学生募集の宣伝活動のひとつという位置づけです。結果、不測の事態が発生したとき、入試広報課では対応できず大学として大きなダメージを受けました。筆者は中堅以下の大学こそたとえひとりでもいいので独立した広報担当部署をつくるべきだと考えます。２０１８年の夏に大学広報担当者で集まることがあり、ある中小私立大学の担当者から集中豪雨での被災を契機にメディア取材を受けるようになり独立した広報担当部署を立ち上げた話を聞きました。

企画段階から広報の視点を

振り返れば大学広報の歴史は、志願者動向に左右されてきたといえます。初期の大学広報は入試広報とイコールでした（図表１―２）。これは大学数も入学定員も今よりも少なく、大学は特に何もしなくても志願者が集まった時期でした。第二次ベビーブーム世代が進学する１９９０年代中ごろまでこうした傾向があったように思います。

図表1─2　大学広報の役割の変遷

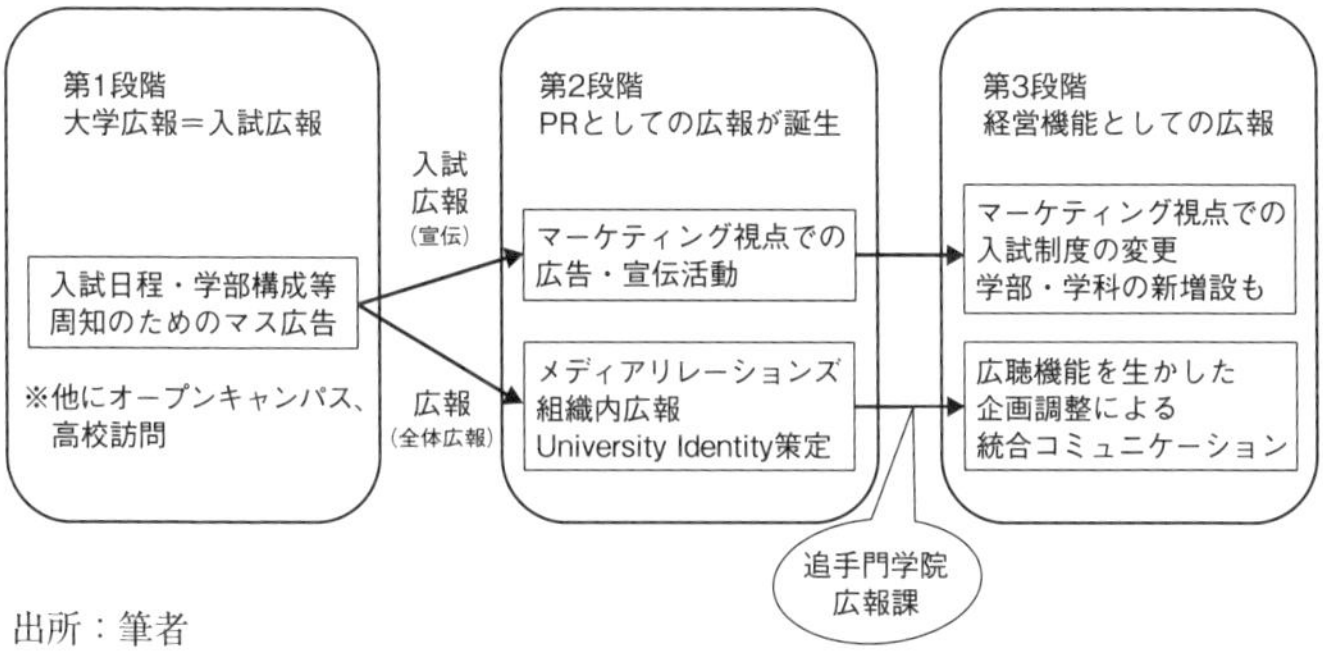

出所：筆者

図表1─3　追手門学院大学が実践する「経営機能としての広報」

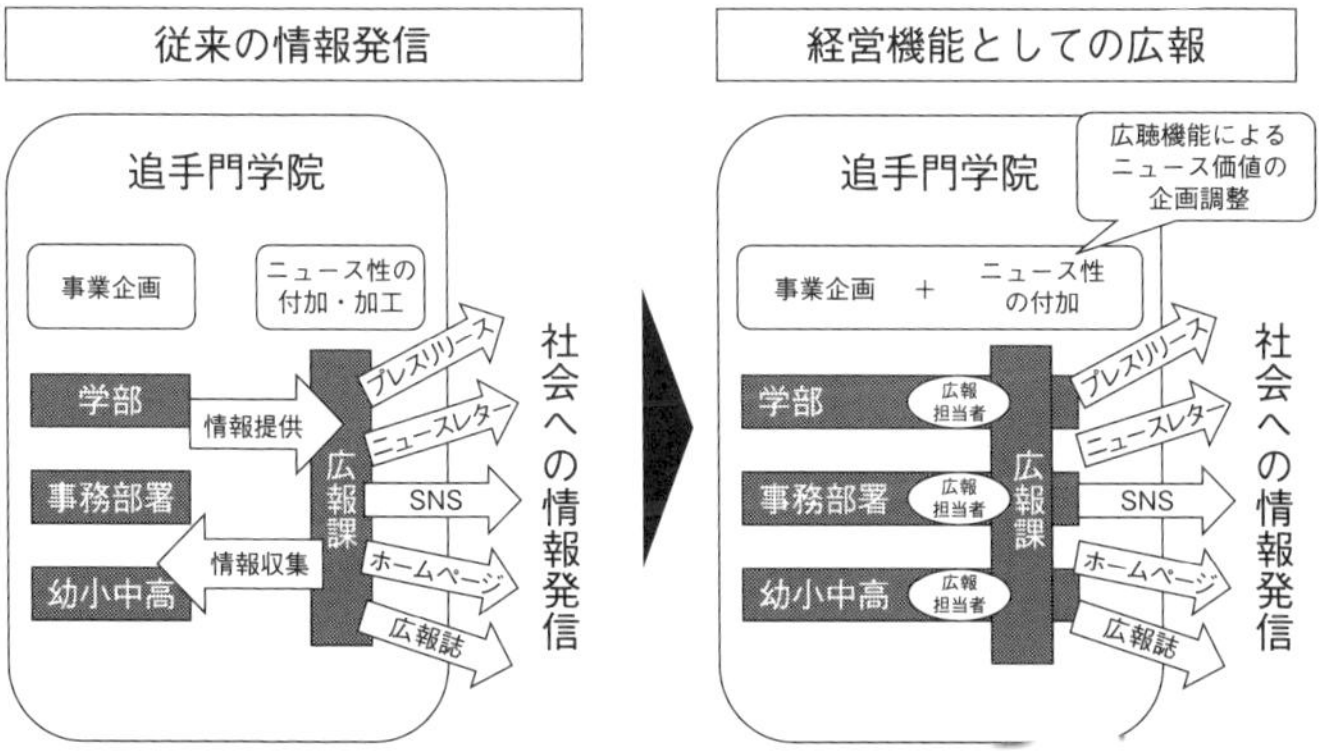

出所：筆者

その後、18歳人口の減少と大学数の増加に伴う大学間競争の時代に入りました。大学の個性化や社会的存在意義が問われるようになり、各大学、特に大手の大学は入試広報とは別に広報課などの広報担当部署を設置してメディアを通じた情報発信、メディアリレーションズに力を入れるようになりました。これが第2段階です。そして現在は情報発信だけでなく、広報活動を通じて組織力を向上させる「経営機能としての広報」に取り組む第3段階にあると考えています。

『月刊広報会議』２０１７年12月号では、大学経営コンサルタントで新島学園短期大学学長の岩田雅明氏も大学広報は第3段階に入ったとし、「今後の自学の在り方を考える、もしくは考える材料を提供するといった機能が新たに求められる」とマーケティング機能を付与する「大学広報３・０」を提唱しています。岩田氏の唱える大学広報の第2段階は受験生や高校の先生との信頼性の構築です。「大学広報３・０」も「直接の顧客である受験生」を対象にしていることから、入試広報寄りの考えともいえます。追手門学院大学では岩田氏の提唱する「大学広報３・０」を、入試の実施と学生募集を担当する入試部で実践し、6年連続志願者増(1)という成果を挙げています。

筆者ら広報課が担う組織力を向上させる「経営機能としての広報」についてもう少し詳しく説明したいと思います。図表1―3に示すように、従来（大学広報の第2段階）はメディアリレーションズを行うために大学内の情報をとにかく広報課に集約し、ニュース価値を付加して発信していました。しかしこれでは企画を担当する各部署が社会の動きやニーズを意識することが弱くなってしまいます。そこで企画の段階から広報課も関わり、外部とのやりとりの中で収集している情報を共有（広聴機能）し、企画の立案に独自性などのニュースの視点を取り入れることを進めています。各部署で企画したものがニュースとして取り上げられるとその成果をフィードバックして自信をつけてもらい、次回も意欲的に取り組んでもらう。こうした循環をつくることで、一人ひとりが社会に目を向け新たな企画を生み出すことを支援したいと考えています。

【注】

（1）2021年4月現在で、9年連続の志願者増。

3 130周年記念式典を開催
―大学の魅力を体感してもらう「直接広報」の可能性―

2018年11月7日、1大学2中学高校、1小学校、1こども園（幼稚園と保育所）を設置する学校法人追手門学院は、創立130周年記念式典を開催しました。学院の淵源は、薩摩藩士でのちの陸軍大臣を務めた高島鞆之助が1888年に創設した大阪偕行社附属小学校（現在の追手門学院小学校）です。

記念式典に約1万人が来場

学院として周年を迎えるにあたり、式典の扱いについて議論を行いました。式典には費用がかかります。より大勢の人に追手門学院を知ってもらうのなら、式典にかかる費用をマス広告に転用した方がよいという考え方もあるでしょう。しかし、様々な改革を経て〝大学入試志願者6年連続増加〟という実績をあげた姿を学外の方々に「体感」してもらい、かつ、在籍する学生・生徒・児童・園児にも自信と誇りを与え、大学生の卒業後の進路へとつながる就職活動を支援したいという思いが強くありました。過去の歴史を振り返り学院構成員の団結を固める内向けのイベントではなく、投資的な意味を込めた外向けのプロモーションイベントとすることに意味があると考えました。

会場は、追手門学院の名称が大阪城の門に由来しゆかりが深いこと、創立120周年記念式典でも使用した実績があることなどから、大阪城ホールとしました。

準備にあたりプロジェクトチームを発足させ、全学体制で進めました。大阪城ホールの収容人数は約1万人。プロモーションイベントとして大学外、特に大学生の進路先となる企業関係者や塾・学校関係者に来てもらうため、「共感」と「交流」をキーワードに企画を進めました。前者の「共感」は、案内状を受け取った人が期待し参加したくなるプログラムづくりを心がけました。あえてステージは設けず、アリーナ面全体をステージに見立て、パフォーマンスを披露し映像もそこに投影する。来場者は2階以上の観覧席からそれらを楽しむ、というオリンピックの開閉会式のようなショーを意識したイメージです。

周年式典につきものの式辞や来賓祝辞などのあいさつも極力なくしました。唯一、川原俊明理事長・学長による将来構想と新しい教育コンセプトを提唱するプレゼンテーションの時間を設けたのみです。それもアリーナ面に映像を投影しながらその中を自在に動きながら行うというものにしました。主役は学校らしく、在校生である幼稚園児から大学生までの若者たちです。学校の垣根を越えて編成した合同チアダンスチームによる演技や、合同吹奏楽団による演奏を

式典の前には、大阪城ホール内の別会場に大学3年生がクラブやゼミについて紹介するブースを設置。企業の採用担当者と学生が直接交流した

ふんだんに盛り込みました。出席者には在校生の生き生きとした姿を何より楽しんでもらおうと考えました。

後者の「交流」は、出席者が追手門学院の教育を直接体感できる参加型の仕掛けづくりです。学生の就職支援につながる企業関係者に対しては、式典の前に別会場で大学3年生と直接、交流のできる場を設けました。当日は体育会クラブや特色のある教育・研究活動をしているゼミ、それに学生スタッフとして大学運営に関わっているグループなど合わせて30団体から約200人の学生と、企業関係からは採用担当者を中心に208社約300人がそれぞれ参加しました。交流が進むよう、学生たちはグループごとにブースを設け活動の紹介と成長の軌跡をポスターにまとめて展示しました。

企業の担当者はブースを回りながらポスターを確

大阪城ホールに約1万人を集めて開催した

アリーナを画面に見立て映像を投影する演出

認し、興味のあるグループを見つけると足をとめて成長を感じたエピソードなどを尋ねていました。学生の成長は大学の教育・研究活動の成果であり、それを交流会という形で直接体感できるこの取り組みは企業にも好評で、参加後のアンケートでも95%から「今後も参加したい」との回答を得ました。また、塾や学校関係者向けにも式典開始前に追手門学院の各学校・園の教育内容や大学の学部ごとの教育的特色を紹介するブースを設けて、教員や大学生が説明をしました。

こうした「共感」と「交流」を重視した企画づくりと事前の周知活動の結果、当日は企業や教育関係など外部から約１８００人、保護者約１５００人、在校生・教職員約６７００人、合計約１万人の式典を開催することができました。

記者にも好評で全国紙朝刊に掲載

ショーのような式典としたことでメディアの取材も入りました。東京から来た教育担当記者からは「幼稚園から大学まで一体となった演技というのは東京でも1校しか取材したことがない。学校の垣根を越えて演技・演奏指導に取り組んだ教員の熱意が感じられた」という評価をいただきました。在阪メディアの記者からは「追手門学院の勢いが感じられましたね」という感想をもらいました。理事長・学長によるプレゼンテーションも、「業者によってつくり込まれた感じがなかった。何より具体的な教育コンセプトや将来構想まで触れたのが良かった」という評価で、翌日の全国紙朝刊の地方面にはそうした記事が掲載されました。

周年事業、特に式典の評価をどう行うかは難しいところですが、当日の参加者数や取材件数に限らず、これを契機とした取材件数の推移や就職率、それに志願者数を総合的に捉えて、定量的に投資効果を計測していかなければならないと考えています。

今回、普段から客観的に追手門学院をはじめとした教育業界を取材している記者の感想を踏まえると、追手門学院の今と将来への期待を「体感」してもらおうという所期の目的はある程度達成したように思います。ここに次の広報的展開へのヒントがあると考えています。奇をてらったマス広告による話題づくりではなく、実際の教育の現場や園児・児童・生徒・学生の姿を見てもらう「直接広報」の可能性です。

２０１９年４月からの新キャンパス開設、小学校新東館建設、大手前中・高校舎リニューアルなど、今後もニュースが続きます。学校をさらに社会へと開き、新教育コンセプトのもとに進行する学びの姿と生み出される教育コンテンツをいつでも見てもらい、体感してもらう「直接広報」は、大学の新たな強みになるはずです。

4 多くの中堅私立大学が苦戦中
―戦略的情報発信としてのメディアリレーションズ―

前節では周年事業の中核となる記念式典の広報的位置づけについて、追手門学院創立130周年記念式典を例に「直接広報」の視点から考えました。本節は広報担当部署の基幹業務である、新聞・テレビ・ネットなどのメディアを通じた発信およびメディアとの関係づくり（以下、メディアリレーションズ）を取り上げます。

「受け身」の中堅私大に取材は来ない

多様なステークホルダーと良好な関係を築くために情報発信は不可欠であり、とりわけメディアリレーションズはその重要な手段です。『月刊広報会議』編集部が実施した、113社の広報担当部署を対象とした調査「2019年わが社が注力したい広報活動ランキング」でも1位はメディアリレーションズでした。筆者自身、様々な大学広報の方と意見交換をさせていただく機会がありますが、そこでも話題となることが多いです。『月刊広報会議』の他のコーナーにおいてもそのノウハウが語られており、関心の高さがうかがえます。

特にジャーナリストの松林薫氏による筆者と同じ『月刊広報会議』での連載「記者の行動原理を読む広報術」では、発信するネタづくりからメディアへのアプローチの方法、メディア特性まで記者経験を踏まえた実践に役立つ内容が説明されており、広報活動に関わる人には必読だと思います（ちなみに筆者は学内教職員向けの研修テキストとしても活用しています）。

本節は大学、特に中堅私立大学業界におけるメディアリレーションズについて考えてみましょう。第２節で筆者の考える「大学広報の役割」を段階別に説明しましたが、中堅私立大学の多くはまだ「メディアリレーションズをどうするか」の段階で逡巡しているところも多いように思います。その点、大手私立大学や国立大学では学外での広報経験者の登用やＰＲ会社の活用などが進んでいます。特に野球や駅伝といった社会的に注目されるスポーツや研究成果の発表が多いため、必要に駆られて充実していった面もあると思います。

文部科学省が全国の国公私立大学などを対象とした調査（２０１２年10月公表）によると、広報担当部署がメディアリレーションズを行っている割合は、国立大学が97・６％、公立大学が81・５％、私立大学が73・６％でした。国公私立の内訳は明らかにされていませんが、学生数規模別でみると、１０００人以下の大学が58・６％であるのに対し、１万１人以上の大規模大学は95・３％と、私立より国公立、小規模より大規模の大学の方がメディアリレーションズに取り組んでいることが分かります（図表１―４）。

中堅私立大学はメディアや世間からの注目度が低いため、自らメディアに働きかけなければ取材を受けることはまずありません。「必要に駆られなかった」のでメディアリレーションズを強化してこなかったと言えるでしょう。しかしこれからは自らの存在意義を発信し、社会に必要な存在であることを認めてもらわなければ、早晩、大学業界からの退場を余儀なくされます。

リリースを「届ける」まで行動しよう

メディアリレーションズによって、その大学の取り組みが「社会的な価値がある」と認められ客観的に発信されることへとつながります。メディアに

図表1−4　大学のメディアリレーションズの状況
（年１回以上の実施）

分類		回答大学数	報道対応を行っている	メディアリストの作成
国公私立大学別	国立大学	85校	97.6%	23.5%
	公立大学	65校	81.5%	3.1%
	私立大学	518校	73.6%	22.2%
学生数別	1,000人以下	413校	58.6%	12.6%
	1,001人～3,000人	221校	77.4%	12.2%
	3,001人～5,000人	80校	87.5%	33.8%
	5,001人～10,000人	92校	92.4%	32.6%
	10,001人以上	64校	95.3%	35.9%

出所：文部科学省広報室「大学等の広報に関するアンケート調査結果」2012年10月

よって私たち中堅私立大学にスポットが当たり、いい形で存在を知ってもらうことが第一歩だと考えます。ではそれをどのように実現するか。最初に取り組むことは、大学内の情報をニュース価値のある情報に再編集し、プレスリリースとして発信することです。

望ましいのは企画段階から広報担当部署が参画し最初からニュース価値のある企画をつくること（11ページ図表1―2にある「第3段階」）ですが、時間もかかることからまずは発信件数を増やすことに重点を置いた方がよいでしょう。プレスリリースの書き方のコツは『月刊広報会議』や書籍でも学べますので、ここでは触れません。最も簡単な方法はよくニュースに取り上げられている他大学や企業のプレスリリースを「まねる」ことです。プレスリリースの大半はサイトで公開されているので容易に入手できます。

次の作業は「誰に」「どのように」発信するかです。中堅私立大学にとってはプレスリリースを作成するよりも重要なポイントです。というのも、この点に関してはマニュアル本を読んでも記者クラブの活用が中心で、「どのように記者とのリレーションを開拓するのか」という最初のステップに触れられていません。

実際、他の中堅私立大学からもこの点に関してよく質問を受けます。「広告出稿で知り合った営業部員を通じて記者に働きかけてもらう」「過去に取材に来てもらった記者に連絡する」といった声はよく聞きますが、「記者クラブを活用している」というケースは少ないようです。

プレスリリースを作成しても届ける先が少なければ、取り上げられる可能性は必然的に低くなります。

媒体研究を欠かさず「情報通」になる

ではどのようにして開拓するか？　最も簡単かすぐに実行できるのは、新聞やテレビ、ネットで大学や教育に関連する記事を書いている記者やライターを探し出して情報交換の場を持ち、メディアリストを更新することです。記事の最後に取材者のフルネームが書かれた署名記事や文中に登場する識者には肩書がありますから、それを確認して電話すればだいたいは行き着くことができます。ただその際、「単に会いに行く」でなく、自大学のこと、他大学のこと、業界全体のこと、その人が過去に書いている記事の内容を把握した上で「情報交換したい」という姿勢で臨むことが大事です。取材する側に「この人は情報通だから、今後取材できそうなネタを持っていそう」とメリットを感じさせるような存在でなければ、その関係は一過性で終わってしまうからです。

メディアに情報を発信するなら記事を書く記者のことを知る。そのためにはテレビ、新聞、雑誌、ネットのニュースを調べる。他部署の職員からは「朝から新聞を広げて何をしているんだ？」と聞かれるかもしれません（筆者も以前はよくありました）が、その時は「大学取材のトレンド把握や記者開拓のリサーチをしています」と堂々と答えましょう。

5 トップ自らの発信がカギ

—「理念浸透」の観点から組織内広報を考える—

視点を組織内へと移し、「自大学が社会に対してどのような役割を果たしていくのか」という使命（ミッション）や「ミッションを果たすためにどのような大学を目指すのか」という将来像（ビジョン）といった大学経営に必要な理念について考えます。中でも「大学経営に関わる教職員にいかにして理念を浸透させていくのか」「広報担当部署がどう関わるのか」は重要な課題です。筆者は、広報担当部署は経営機能のひとつだと考えていますが、本節のテーマはまさに経営と広報が密接に関係するところです。

理念は「存在意義」そのもの

理念の浸透は『月刊広報会議』２０１８年８月号の特集テーマ「社内広報の役割」の中で取り上げられ、社会情報大学院大学の柴山慎一教授が「ＳＵＰＰモデル」を提示して社内の理念浸透のステップを説明しています。2019年3月号の特集では「新時代の企業ブランディング」と題して、従業員を巻き込んだ理念の社内浸透の事例が紹介されました。筆者の所属する日本広報学会でも「経営コミュニケーション研究会」という研究部会があり、事例調査を通じて重点的に研究がされています。企業において理念の浸透と組織内広報の役割は重要な経営課題と認識されています。ひるがえって大学業界はどうでしょうか。国公立大学は元来、国や地方公共団体が設置するものですが、2004年に国立大学が独立行政法人化されたのを機に、ビジョンともいえる中期目標とその達成に向けた中期計画の策定が一般化されました。

2012年度から2013年度にかけて「ミッションの再定義」という各国立大学の社会的役割の整理も行われました。私立大学はそもそも創立者が「社会的役割を果たす大学をつくりたい」という思いを具現化したものです。その思いは「建学の精神」というミッションとして各私立大学の学風の核となっています。大学は企業以上に「理念」が重要であり、私立大学にとっては存在意義そのものです。ではどの程度、従業員でもある教職員に対して理念を浸透させているのでしょうか。

個人研究の一環として、公益財団法人文教協会の平成28年度調査研究助成を受けて、2016年6月から7月にかけて、全国の国公私立743大学の広報の責任者に広報活動などに関するアンケート調査を行いました。245大学から回答（回答率33％）を得ることができ、この

図表1—5　大学経営を取り巻く諸概念のイメージ

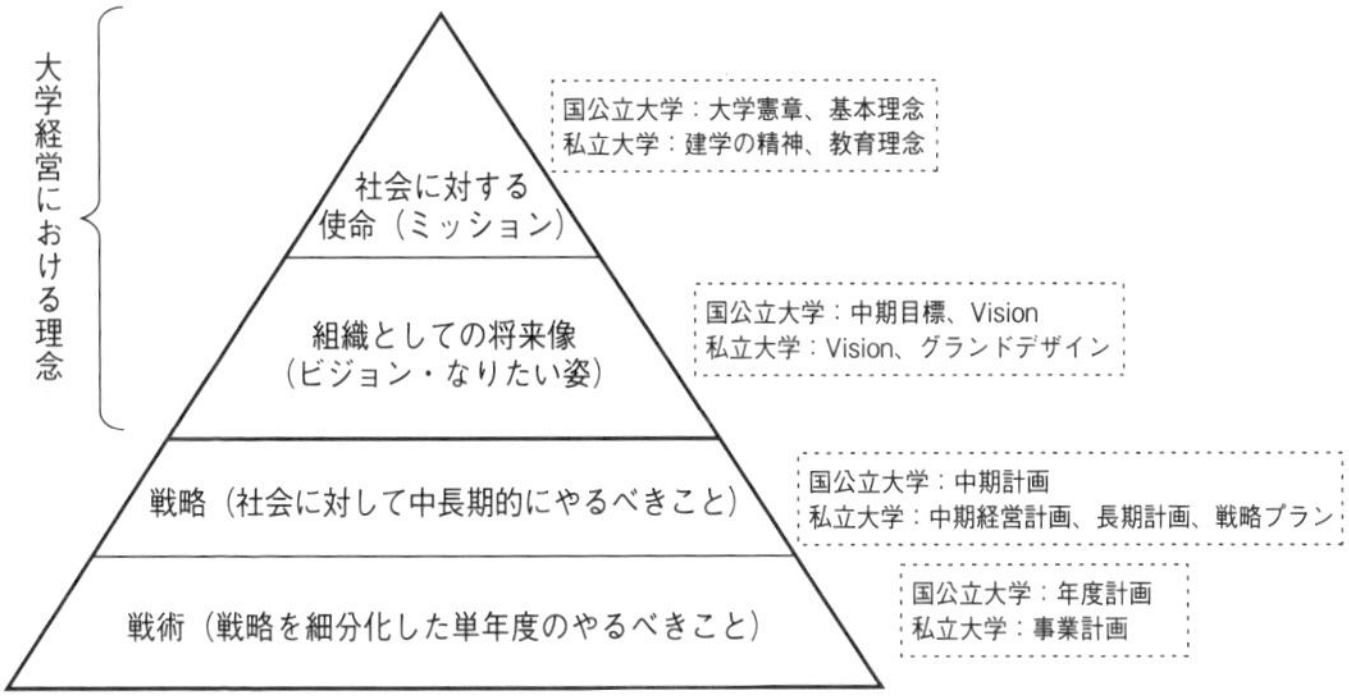

出所：筆者

中に理念の浸透に関する設問を設りました。２４5大学の内訳は、33国立大学、41公立大学、１７1私立大学です。設問に対して「あてはまる」が4で、「あてはまらない」が1とし4段階で回答してもらいました。なお、本調査でいう理念は大学全体のミッション（私立大学でいうと建学の精神）とビジョン両方で、中期計画や単年度の事業計画は含みません（図表1—5）。

「理念を教職員に浸透させることに取り組んでいる」という設問に回答した２３８大学（大学は未回答）のうち、「あてはまる＝4もしくは「どちらかといえばあてはまる＝3」と回答したのは２１6大学で率にすると約90%、内訳は31国立大学、33公立大学、１５２私立大学でした。国公私立大学別に平均値を比較すると、国立大学が有意に最も高い結果となりました。国の政策誘導もあってか、理念に基づいて設立された私立大学よりも国立大学の方が理念の浸透に取り組んでいる（と考えている）ということが分かりました。

次に理念が教職員にどの程度浸透しているかについて、理念を文書に引用するなど行動に反映できている状況を「理念が浸透している」とし、4段階の回答結果の平均値を比較しました。有意な結果が得られたのは、私立大学に限定して学生数3000人未満の114大学と3000人以上1万人未満の35大学、それに1万人以上の17大学の比較です。3000人未満の大学が最も高くなりました。「学生数が少ない分、教職員数も少ないのだから当然だ」ともいえますが、理念の浸透という点においては強みになるともいえます。理念を浸透させやすい分、大学全体もまとまりやすく新しい取り組みを進めやすいことが考えられます。

教職員の協力を引き出す工夫を

では、理念を浸透させるにはどのような方法が有効でしょうか。先行研究からは経営トップが従業員とコミュニケーションをとって理念を語ったり、理念を具現化した行動を示したりすることが有効だと報告されています。これに対して広報担当部署が関わる理念や経営方針を伝える広報誌の制作・配付や、理念を見える化したキャッチコピーやロゴマークの有効性は低く補完的な扱いとされています。

そこで先行研究の成果が大学にもあてはまるかどうか、教職員にもアンケートをとって検証しました。残念ながら国公立大学に関しては引き続き検討の余地があり、別の機会があれば紹介したいと思いますが、私立大学については経営トップ自らの理念浸透の取り組みが有意に有効でした。そして広報誌やロゴマークなどは有効とは確認できず、企業研究と同様の結果となりました。理念の浸透をはじめとした組織内広報は大学においても経営トップとの連携が必須といえます。

第1節で追手門学院大学は全教職員で広報活動に取り組んでいくことやその体制を紹介しました。その最初のステップは経営トップからの「全学体制で広報活動に取り組む」という政策宣言でした。これを筆者ら広報課は体制づくりに反映させ、その内容を広報誌や説明会で周知し、業務を通じて各部門と協働することで共有を進めています。また、追手門学院大学では全学教授会という全教員と経営トップのひとりである学長が直接、議論する場を設けています。トップ自らのコミュニケーション活動ということで、教育専門雑誌の取材にもつながりました。

２０１９年2月11日付の日本経済新聞では、高等教育を専門とする東京大学の両角亜希子准教授が、学長などの大学経営人材に求められる要素のひとつとして「考えを正確に分かりやすく伝えること」など教職員の理解や協力を引き出す工夫を挙げています。特に中堅私立大学は大規模大学よりも理念を浸透させやすいという強みがあります。これを活かし、経営トップの

「引き出す工夫」の具体化やそれを補完する取り組みを進めることが、組織内広報のコンテンツや手法を考える際の大前提であり、有効かどうかを左右するポイントだといえるでしょう。

6 大学広報の最大の課題と向き合う
―志願者数だけが指標か？ 広報活動の評価を考える―

本節は、大学による「一連の広報活動の成果をどう評価するか」という広報担当者最大の課題（と筆者は考えています）を取り上げます。

2019年度は中堅私大の志願者増

2018年末から2019年3月にかけて2019年度入試（2019年4月入学者を選抜する入試）の志願者数が週刊誌をはじめ各種メディアで話題になりました。この年の特徴のひとつは、政府の政策誘導などの影響で大手、有名、高偏差値の私立大学が合格者数を絞り込むと予測され、受験生の安全志向が高まり、中堅私立大学が軒並み志願者数を増やしました。

教育情報会社の大学通信のまとめによると、一般入試志願者数ランキングは従来の大手私立大学が名を連ねる一方、一般入試志願者伸び率ランキングの上位は中堅私立大学が独占しました。追手門学院大学の一般入試志願者数も1万5798人と7年連続で増加しました。こう書くと「結局、志願者数というのは外部環境の変化に左右され、広報活動は寄与していないのではないか？」と思われるかもしれません。志願者数という1年単位の結果だけを指標にすると確かにそうでしょう。

第2節で大学の広報活動の中には学生募集に直接寄与することを目的とした「入試広報」と社会的評価の向上を目的とした「経営機能としての広報」の2つの役割があることを紹介しました。志願者数というのは前者についてはその指標となるものですが、後者についてはそれだけでは不十分だと考えます。そこで、第5節でも引用した、個人研究の一環で2016年に全国の国公私立大学743校にアンケート調査を行った結果（245大学から回収）から現状を確認します。

成果指標が未確立な状況が明らかに

追手門学院大学の場合は広報課にあたる「経営機能としての広報」を担当する各大学の部署に対し、「広報活動の成果測定をしているか」と質問したところ、国公私立232大学から回答がありました（図表1－6、無回答除く）。

「成果測定をしていない」と回答したのは78大学（国立8、公立19、私立51）、率にして33・6％でした。「成果測定をしている」と回答した154大学（国立25、公立18、私立111）のうち、入試志願者数を指標のひとつに設定しているのは93大学（国立5、公立10、私立78）、率にして60・4（全有効回答では40・1）％でした。やはり、「入試広報」を直接担当していなくても経営を左右する志願者数を重視していることがうかがえます。

さらにその内訳をみていくと、31大学（公立6、私立25）は入試志願者数のみを成果指標としていました。これに対して入試志願者数以外の成果指標を持っている大学は、62大学（国立5、公立4、私立53）、率にして40・3（全有効回答では26・7）％でした。具体的な指標として挙げられていたのは「外部調査会社のブランド力調査」「自大学での独自調査」「新聞・テレビ・雑誌などの取材件数」「公式ホームページへのアクセス数」などでした。これらは大学業界における「経

図表1―6　広報活動の成果測定の状況

	回答大学数	測定を行っていない	入試志願者数のみ	入試志願者数および外部調査等	外部調査等
国立大学	33校	8校	0校	5校	20校
公立大学	37校	19校	6校	4校	8校
私立大学	162校	51校	25校	53校	33校
合計	232校	78校	31校	62校	61校

出所：筆者。公益財団法人文教協会平成28年度調査研究助成「大学等の広報活動に関するアンケート」2016年6月

営機能としての広報」の成果指標ともいえます。

指標を持っていない大学と入試志願者数のみを成果指標としている大学の合計が109大学、全有効回答に対して46・9％と約半分を占めることは、大学における経営機能としての広報活動の成果指標がまだ確立していないことを示しています。同時に、特に学費収入が財政基盤となる私立大学では、広報活動は学生募集のための「入試広報」と同義的に扱わざるを得ない事情もうかがえます。

短期的指標と中長期的な指標を設定

追手門学院大学でももちろん、入試広報を重視し、専門の部署である入試課を設けて取り組みを進めています。では筆者ら広報課の成果指標は何であるべきでしょうか。成果指標には自分たちの取り組みで達成できる「短期的指標」と、取り組みの結果どのような成果を達成したかという「中長期的な指標」の2つがあると思います。

「短期的指標」は、プレスリリースの本数や新聞・テレビ・雑誌などの取材件数、公式ホームページへのアクセス数、SNSのフォロワー数などです。これらは1年ごとに数値目標を設定し、発信数を増やしたり、発信内容を充実させたり、発信先へのアプローチを開拓したりすることで、自力で達成することができます。数値設定で重視していることはライバル大学との比較です。日ごろから発信状況をチェックすることで、ある程度把握することができます。

「中長期的な指標」は外部調査会社のブランド力調査です。経年変化を確認することで中長期的観点から社会に対して自大学の存在感を高めているかを評価しています。指標としては関西地区の18歳以上の認知度を用いています。２０１３年からの経年変化でみると、関西国公私立大学66大学中29位から２０１８年は22位と上昇傾向にあります。追手門学院大学の場合、大規模な広告出稿は行っていませんので、ほぼ広報・PR活動で認知度が高まっているとみています。

一方で課題もあります。認知度が高い割に具体的なイメージづけができていないという点です。これについては試行中で具体的な成果はまだ出ていませんが、広報活動だけでなく、大学を特徴づける学部構成や研究成果の発信も含めて検討の余地があると考えています。志願者数はもちろん大事ですが、それに加えてこうした外部指標やライバル校との比較を取り入れることでより具体的かつ客観的に自大学の広報活動の成果を把握できると思います。

第1章では大学における広報活動の背景や意義などを考える概論的な内容でした。大学業界では事例紹介や事例研究が中心であり、あまりこうしたテーマが取り上げられることはありません。しかし、この議論をなしに流行りの手法や話題を追っていくだけでは大学業界が広報活動に対して抱える本質的な課題、「大学と社会とのより良い関係性の構築という経営機能としての広報活動への深化」を考える機会を逸しかねません。その意味においては大学業界に身を置く人はもちろんそうでない人にも、大学を広報という視点から見直すきっかけを提供できたのではないかと思います。

とはいえ概論編はここまでにして、第2章からはより個別具体的な事例をテーマに大学広報の現場を考えていきます。

第2章　広報実践事例編

第1章では大学の広報活動を概括し基本的な考え方を整理しました。第2章では大学ならではの教育内容の情報発信、新キャンパス見学会、プロチームとのスポンサーシップ、キャラクター活用、広報誌、歴史資料館の活用を考えます。

1 全学体制で挑む！ 志願者増
—独自の教育プログラムは強力な広報コンテンツ—

大学にとって企業の商品にあたるコンテンツは何でしょうか。「大学なのだから、研究成果や教育内容では？」と多くの方が思うでしょう。しかしそれらが社会的に注目され広報コンテンツとなるには、独自性はもとより今後のトレンドを先取りするような社会的影響の大きさが求められます。

アサーティブプログラムを導入

本節は第1章第2節で紹介した「最初から広報を意識した企画」ではなく、中堅私立大ならではの強みを活かした取り組みが、結果的に強力な広報コンテンツとなり組織に好循環をもたらした追手門学院大学のアサーティブプログラムとアサーティブ入試（以下、アサーティブの取り組み）を例に考えます。

アサーティブの取り組みの「アサーティブ」とは、英語のAssertiveに由来し、本学では「相手の意見に耳を傾けながら、自分の意見や考えを主張することができる態度。すなわち自分を知り、表現することが大切になると解釈」と定義しています。この考えをベースに高校生の大学で学ぶ目的や意欲などを、職員が面談を行って育成するのがアサーティヴプログラムで、グループディスカッションや個別面接、それに基礎学力テストを通してプログラム受講の成果を評価するのがアサーティブ入試です。

アサーティブの取り組みは２０１４年度にスタートしました(1)。その背景は、追手門学院大学のような中堅私立大学が抱える構造的な問題を解決することにあります。関西私大の序列を示すいわゆる「関関同立(2)」「産近甲龍(3)」に入学できず不本意ながら入学した学生は、入学後の目的意識や学ぶ意欲が低いまま、その後の成長が阻害され、就職活動にも影響が出ます。

こうした「不本意入学」の学生は、大学進学率が50％に達した近年において中堅私立大学であればどこもかなりの人数を抱えています。アサーティブの取り組みの導入は、こうした状況を打破し、「自分を知り、表現する力」を身につけさせることで「入学前の段階から目的意識や学ぶ意欲を持った受験生を育成する」という前代未聞の挑戦でした。キャッチコピーは「（ペーパーテストによる学力試験一発勝負の）選抜から育成への転換」です。

実施主体も他大学に例をみませんでした。それまで大学入試に関する業務の中心は大学教員で、職員は補助的な役割でした。しかしアサーティブプログラムでは大学受験を考える前の高校生と面談を繰り返し行うため人員も時間も必要です。現在アサーティブ・オフィサーを務める女性職員を中心に実施主体を職員とし、全職員の約半数が関わるという全学体制を構築しました。そしてアサーティブ入試も職員と教員による協働体制で実施しています。

アサーティブの取り組みを導入した時期は、文部科学省が「高校教育改革」「大学教育改革」「大学入学者選抜（大学入試）改革」の三位一体で進める「高大接続システム改革」に着手しようとしていた時期であり、中堅私立大学のモデルケースとなる先進的な取り組みとして「大学教育再生加速プログラム（ＡＰ）」にも選ばれ、早々に第三者から高い評価を受けました。

この時ちょうど広報課に着任した筆者は、文部科学省の記者クラブで記者発表を行って一般の方にも知ってもらおうとも考えましたが、実績がないこと、教育プログラムなので目に見えるモノがないことなどから、教育業界の反響を見つつ、着実に取り組みを定着させるのと並行して一般向けに発信する方策をとりました。

導入１年目（２０１４年度）は32人の職員がのべ２２１人の高校生と面談しました。このうちアサーティブ入試には91人が出願、他の入試にも１２４人が出願するという順調な滑り出しでした。担当職員も他大学へ講演に行ったりするなど積極的な発信に努めました。

教育雑誌から一般紙へと徐々に注目が広がり、１年目から新聞、雑誌、テレビに計11件取り上げられ、２年目（２０１５年度）は16件へと増えました。３年目（２０１６年度）は９件と減ったものの、この年に入試総志願者数、一般入試志願者数ともに５年連続増加を達成したことから、4年目（2017年度）はアサーティブの取り組みと5年連続志願者増加という分かりやすい実績をセットで広く発信しました。

その結果、『週刊ダイヤモンド』などのビジネス誌にも取り上げられ、再度注目してもらうことへとつながりました。メディア露出に限っても導入から4年間で48件、広告費に換算すると6100万円余りに相当したほか、外部機関による各種ランキングでの評価向上や、面談業務などを通じた職員の能力アップにも波及しました。

何よりアサーティブの取り組みの本来の目的であった本学第一志望の入学者が大幅に増え、教員からは「大学の雰囲気が良くなった」との感想が聞かれるようになりました。

目に見える実績をもとに発信

ここで改めて広報的観点からアサーティブの取り組みを振り返ると、ニュースとなるポイントをすべて満たしていました（図表2―1）。冒頭でも述べましたが、ニュースには独自性に加え、社会的影響の大きさが求められます。独自性という点では、名称からしてオリジナルですし、「受験生を育成する」「職員主体の取り組み」などいくつもユニークな点がありました。社会的影響の大きさは、文部科学省の「高大接続システム改革」に先行し、注目すべき中堅私立大学の入試改革例として「大学教育再生加速プログラム（AP）」にも選ばれたことが大き

図表2–1　広報的観点からのアサーティブの取り組み

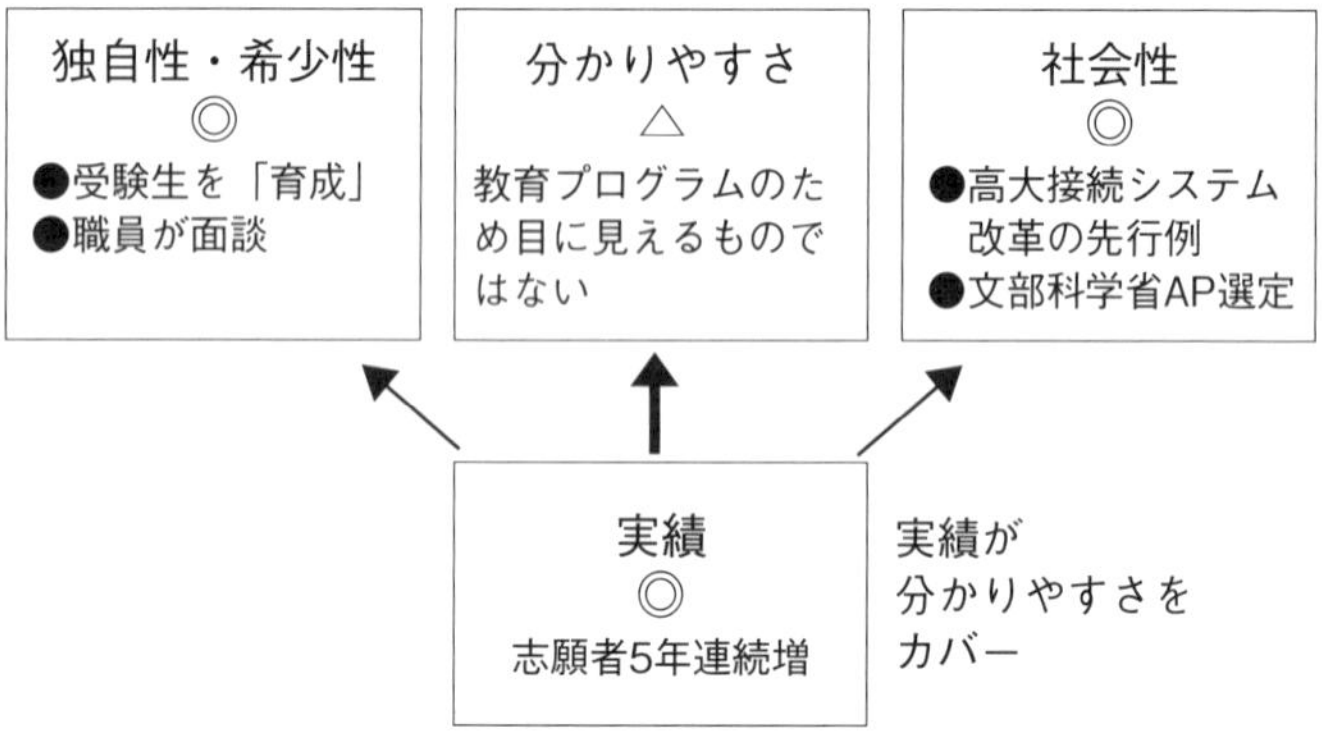

出所：筆者

かったと思います。一方で、教育プログラムだけに分かりにくいという課題もありました。そこで、入試志願者5年連続増加（当時）という分かりやすい実績を打ち出すことで克服しました。

この分かりやすさ、というのは実は大事なポイントです。見た目の分かりやすさや、誰もが聞いて納得できる数字で示せる実績など、分かりやすさは独自性、社会的影響の大きさを倍増させる推進力のようなものといえるでしょう。このアサーティブの取り組みはあくまで教育的観点からの取り組みですが、広報コンテンツとして見てみても、今後の教育プログラムや研究成果を発信していく上で重要な示唆を与えてくれました。

【注】
（1）2019年度まで継続し、2020年度に見直しを行った。
（2）関西大学、関西学院大学、同志社大学、立命館大学のこと。
（3）京都産業大学、近畿大学、甲南大学、龍谷大学のこと。

2 メディア関係者を呼び込むには
―新キャンパス開設が転機に「直接広報」を拡大―

2019年4月、1大学、2中学高等学校、1小学校、1こども園から成る学校法人追手門学院の4番目のキャンパスとして、茨木総持寺キャンパスが大阪府茨木市に開校しました。それまで追手門学院大学と追手門学院中・高等学校のあった同じ茨木市内のキャンパス（現茨木安威キャンパス）から、大学の全学部1年次生と地域創造学部、そして国際教養学部が移転し、追手門学院中学・高等学校は全面移転しました。

新しい茨木総持寺キャンパスと茨木安威キャンパス間の距離は約2キロ。追手門学院大学は2キャンパス体制となり、新たな展開を迎えました。第1章で三角錐という他に類を見ない形状の大学棟を紹介しましたが、それが完成しました。さらに大学の隣接地にはこれまた客船のような形をした中学高校棟ができました。

メディア向け見学会で教育改革を発信

本節は追手門学院の総持寺キャンパス開設を例に、教育改革に取り組む学院の姿を受験生・保護者をはじめ地域やメディアなどに知ってもらおうという一連の取り組みの中から、とりわけメディア向け見学会を取り上げます。

といっても何も新しいことではなく、第1章でも紹介した、交流イベントを取り込んだ2018年11月の創立130周年式典からの示唆である「直接広報」がキーワードです。

図表2–2　茨木総持寺キャンパスの対象者別「直接広報」の一覧

開催日	行事	対象	参加者数
5月13日（月）	メディア向け説明・見学会	メディア	70人
5月19日（日）	卒業生団体見学会	創業生団体役員	100人
5月19日（日）	地域向け内覧会	地域住民	1000人
5月26日（日）	竣工式	行政、取引先	420人
6月8日（土）	保護者団体定期総会	大学生保護者	320人
6月23日（日）	併設校卒業生団体定期総会	小中高卒業生	300人
6月30日（日）	ホームカミングデー	大学卒業生、一般	1000人
7月6日（土）	関連団体定期イベント	小中高大保護者等	100人

周年式典は約1万人のステークホルダーを結集し、翌年の総持寺キャンパス開設と教育改革の始まりを宣言した、キックオフの役割がありました。次の段階は完成した総持寺キャンパスを会場に、ステークホルダーごとに内容を変えて見学会を開催し、新キャンパスというハードと合わせて教育改革の中身（ソフト）も体感してもらう「直接広報」の拡大です。

図表2−2にまとめたとおり、5月のメディア向け見学会を皮切りに、大学周辺の地域住民や卒業生、保護者、行政機関や教育機関とそれぞれの対象ごとに開催しました。卒業生や保護者対象のものは、もともとあった行事を会場のみ総持寺キャンパスに替えることで実現しました。

こうしてみると、大学を取り巻くステークホルダーが多種多様であることが分かります。多様なステークホルダーにハードとソフト両方の魅力を感じてもらうにはどうすればよいか、詳細は次節で紹介しますが、メディア向け見学会はそれならではの課題もあります。

「関西プレスクラブ」と共同開催

メディア向け見学会。中堅私立大学にとって最大の課題は、参加者集めではないでしょうか。追手門学院大学でも過去に記者発表会や記者懇談会を開催していますが、多くても10数社、少ない場合は5、6社の出席ということもありました。何十年に1回ともいえる新キャンパスの開設になるべく多くのメディア関係者に来てもらうにはどうすればよいか。考えたのが、単独開催ではなく外の力を借りること。メディアが主宰する団体と共同開催することです。

幸い、関西には各記者クラブとは別に、在阪主要メディアでつくる関西プレスクラブという組織があります。関西国際空港の開港やＡＰＥＣ大阪会議の開催を控えた１９９４年に、関西からの情報発信強化を目的に在阪メディア約60社が出資した団体です。この関西プレスクラブに見学会の企画を持ち込み、委員会の承認を得ることで実現しました。企画のポイントは、単なる施設見学ではなく、総持寺キャンパスのコンセプトはもちろん、教育改革や総持寺キャンパスで展開する教育プログラムを紹介するミニ講演と、見学会後に記者の皆さんから感想をいただく場としての懇親会をセットにしたことです。開催日も２０１９年５月26日（日）の竣工式前で、取材に来やすい平日の５月13日（月）としました。

４月に入ってから関西プレスクラブ経由でのリリースと、本学のメディアリストによるリリースを行ったほか、関西プレスクラブの定例会で直接説明と呼びかけを行いました。関西プレスクラブの定例会は各社が集まりやすい大阪市中心部で開催しており、約20キロ離れた茨木市での開催に多少の不安はありましたが、当日は本学から連絡した10社15人に加え、関西プレスクラブから約50人が参加し、追手門学院としては過去最大のメディア向けイベントにすることができました。

当日は筆者を含めた広報課のスタッフ３人と施設見学の際の案内役として応援を頼んだ総務

関西プレスクラブと共同で開催したメディア向け見学会。
新キャンパスの紹介のほか、目指す教育や学校像についての
後援を行った。会修了後には軽食を用意した懇親会も

課のスタッフ2人、それに関西プレスクラブのスタッフ2人、合わせて7人で運営しました。ミニ講演と見学会後の懇親会には学長、副学長、学部長などの執行部とメディアと付き合いのある教員が参加しました。

15時30分にスタートし、施設見学の案内が始まったのは17時過ぎ。プログラムとしてはやや盛り込み過ぎた感じもありましたが、大学棟と同様のコンセプトで建設した中学高校棟も含めて、教育改革実現のためのキャンパスであるというストーリーを伝えるには必要な時間だったと思っています。実際、最後の懇親会では「コンセプトとマッチした施設だと理解できた」という感想もいただき、翌日の全国紙の報道に加え、後日、NHKでは5分程度のリポートでの紹介、在阪キー局でもニュースとして取り上げられました。また教育プログラムそのものについ

ても「深く掘り下げて取材したいので、改めて話を聞かせてほしい」と、次の取材にもつながりました。

新キャンパスや大規模施設の開設は、中堅以下の私立大学にとってそう何度もあることではありません。だからこそ影響力の大きい他組織を巻き込み、内容を工夫するだけで、より大きな発信と波及効果を期待できる広報コンテンツにすることができます。関西プレスクラブのような団体がない地域は、記者クラブとの共同開催という手もあります。

次節は、「直接広報」を拡大するために、「新キャンパスのコンセプトと、それに基づくハードとソフトをいかに伝えるか」について取り上げます。

3 大学ならではの広報手段を確立
―学生スタッフの育成による「直接広報」の拡大―

前節は2019年4月1日に新たに開設した追手門学院の「茨木総持寺キャンパス」を広報的視点から取り上げ、メディア見学会を中心にまとめました。本節のテーマも、新キャンパスです。そのコンセプトとそれに基づくハードとソフトをいかに伝えるか。これもまた特別なこと

5月13日に開かれた新キャンパス見学会。研修を受けた学生たちが来場者のアテンドを行った

ではありませんが、来訪者や見学者のアテンドを在学生が担当しました。ハード面である施設の特徴と、ソフト面である実際どのような学びをしているのかということを、学生の声を通じて発信する「直接広報」という形で取り組んでいます。

前節では既存のイベントも含めて各種イベントの会場を新キャンパスに集中させ、より多くのステークホルダーに追手門学院の今を直接知ってもらう取り組みをしていることを紹介しました。

数百人規模のイベントから数人単位の見学まで形態は様々ですが、その都度、学内の担当部署からの要請を受けて学生スタッフが来訪者の案内と説明（アテンド）を行っています。学生スタッフは『直接広報の主役』といえるでしょう。

学生スタッフの育成は、関係部署を横断したプロジェクト方式で進めました。広報課をはじめ、クラブ活動を含めた学生生活全般に関わる学生支援課、施設の管理・運営を担う総持寺キャンパス総合オフィス、学生募集を担当する入試課、式典などを担当する総務課で構成し、学生支援課と総務課の30代の若手職員が事務局を務めました。このうち広報課は、新キャンパスのコンセプトと、それを具現化した施設の見どころ、来訪者を案内するコースを説明する研修を担当しました。

"学びと実践の融合"を促す施設設計

新キャンパス(大学、中学高校両方)の教育コンセプトは、学生・生徒の主体的な学びの実現に向け、講義中心からグループワークやプレゼンテーションを取り入れた授業への転換を図るものです。現在は「WIL(ウィル)=Work- Is-Learning(行動して学び、学びながら行動する)」という独自の言葉を定義して、学びの成果を社会課題の解決と結びつける「学びと実践の融合」を目指しています。

ハード面では知の拠点ともいえる図書館(中学高校では図書スペース)を建物の中心に置いて学生・生徒が本にアクセスしやすい環境をつくること、教室以外の場所でも学習しやすい空間をつくることを設計の柱としています。新しい教育の展開とその実現を推進するハードが合わさり、学生同士の「学びあい、教えあい」があふれる、賑わいのあるキャンパスの創出が追手門学院としてのイノベーションです。その象徴として大学では、他に類を見ない逆三角錐のデザインとしました。

建物内部の各種施設もこのコンセプトを反映しています。逆三角錐の大学棟「アカデミックアーク」は、地上５階建てで最上部の一辺の長さは１３０メートルと甲子園球場１個分の規模です。地域の知の拠点、学びながら社会課題の解決に取り組むＷＩＬを意識し、周囲に壁や柵を設けず地域との一体感を重視しました。この建物の入り口は１階に３カ所あります。入るとすぐに１、２階が一体となった２５０席のＷＩＬホールが広がります。今年の新入生からＰＣを全員必携としており、自習をしたりグループワークをしたりする学生の姿がまず目に入ります。

ＷＩＬホールの周囲にはＷＩＬスタジオと名づけた２００人規模のラーニングスペースを４部屋設け、それぞれグローバル、プレゼンテーション、ＰＢＬ（課題解決型学習）、コミュニケーションという４つのテーマを設定。大型ディスプレイやホワイトボード、ディスカッションしやすい机などテーマに応じたカラフルな什器を配備しています。

図書館は３、４階の中心にあり、５階から柱でつり上げるように設置することでＷＩＬホールの真上に浮かぶように工夫しています。基本的な配置をまとめると、三角の形状に沿って一番外側に教室、その内側に廊下、中心部は１、２階がＷＩＬホール、３、４階が図書館、そして５階が庭園という構造です。ディスカバリープロムナードと名づけた２、３、４階の廊下には、教室の壁に沿ってカウンターと本棚を設置し、イスと電源も置いて本に囲まれながら自習できる環境をつくっています。またQRコードを読み込むだけでスマホやタブレットが本に早がわりする電子図書システム（PCからもログインが可能）も導入し、いつでもどこでも本に触れられるようにしています。

ハード部分の説明が長くなりましたが、こうした特徴をバラバラに説明するわけではありません。WILという新しい教育コンセプトに沿ったストーリーにまとめ、それを学生スタッフに理解してもらい、さらに実際の活用状況について彼ら・彼女らの体験に基づいた説明を加えてもらうことで、来場者に共感を持って見学してもらうことを目指しました。

学生たちの成長機会につなげる

学生スタッフの募集は、4月の新年度に合わせてスタート。約80人の学生が定期的に活動できるスタッフとして登録しています。5月下旬からの本格稼動を目指し、3日間の日程で全体研修を実施しました。設定した見学コースを実際に回って説明の練習

追手門学院茨木総持寺キャンパス（右：大学棟のアカデミックアーク、左前：食堂、左奥：中学高校棟のスマートパレット）

を行い、その後にはグループワークによって改善点などについて共有しました。この研修も私たち職員によるＷＩＬの実践のひとつです。

こうして5月下旬以降、前節でまとめた見学会や地域向け内覧会などの各種イベントで学生スタッフたちは「キャンパスアテンドスタッフ」を名乗り、追手門学院の顔として活躍しています。

新キャンパスの特徴を、新教育コンセプト「ＷＩＬ」のもとにストーリーとしてまとめ、学生たちの実体験と合わせて学生から直接、来場者に発信する。大学ならではの「直接広報」の拡大であると同時に、学生たちにとっても自分たちが通う大学に愛着を持ってもらい、成長のきっかけのひとつになればと願っています。

4 スタジアムで学生がインターン
―大学とスポンサーシップ　広告から教育コンテンツで勝負―

スポンサーシップと大学広報。これを聞いて思い浮かべるのは、野球場やサッカー競技場などのスタジアムで見る大学名の看板広告ではないかと思います。実際そうした例が多いと思うのですが、本節はプロサッカーチームのJリーグを取り上げて大学とスポンサーシップを考えます。

大学とJリーグの4つの連携の形

追手門学院大学は、所在地の大阪府茨木市をホームタウンのひとつとする、サッカーのJ1クラブのガンバ大阪とパートナーシップという形で協定を結んでいます。Jリーグは理念のひとつとして、クラブの本拠地をホームタウンと定め、地域社会と一体となったクラブづくりを行い地域に愛される存在になることを掲げています。プロ野球チームと比べ、より地域密着であり、チーム数や競技人口も多いです。

人口減少時代にあって大学も地域に必要とされなければ退場するしかなく、広報活動によって存在感を高める必要があることから、大学とJクラブは目的を共有しやすい関係にあるといえます。追手門学院大学とガンバ大阪もこの考えを共有し、共に茨木市を含めた大阪府北部地域（北摂地域）に愛されることを目指して2010年にパートナーシップ協定を締結しました。

ところで、追手門学院大学のようにJクラブと連携をしている大学が全国にどのくらいあるかご存じでしょうか？　スポーツマネジメントが専門の帝京大学の大山高准教授が2017年に発表した博士学位論文「Jクラブと地域密着の意味需要　―ドイツモデルから大学とのパート

インターンシップの学生には、大学名入りのポロシャツを配布

ナーシップによる独自の発展へ――」によると、1994年度から2016年度までに実に約60の大学がJチームと何らかの連携をしているということです。

具体的な連携の形は、大学の広告宣伝を目的とする「広告スポンサー型」、大学生のアイデアや運営を活かしたクラブのファンマネジメントを目的とする「ファンマネジメント型」、指導者や研究者の派遣協力や育成組織に人材を共有する「育成・人材共有型」、スポーツを通じたボランティア活動や社会貢献、地域スポーツイベントの開催を目的とする「地域社会貢献型」の4つの型に分けられ、各大学はこの内のひとつに特化したり、複数を組み合わせたりしています。

最も多い型は「広告スポンサー型」で、組み合わせで多いのも「広告スポンサー型」との組み合わせです。ちなみに追手門学院大学は4つの連携の型を網羅する「包括的パートナーシップ型」に位置づけられ、同じような大学は全国に16校あるということです。

教育を軸にスポンサードを利用する

追手門学院大学のパートナーシップ協定は、大学生によるホームスタジアムのごみ分別のボランティア活動「エコボランティア」に端を発し、公式戦の会場運営を担当する大規模インターンシップへと発展を遂げ、現在は教育プログラムがその中核を成しています。広報的観点からは、スポンサー広告による大学名の露出拡大から、インターンシップを中心とした教育内容の発信と公式戦来場者に対する「直接広報」の充実へと転換しています。

ここに至るまでは「大学によるパートナーシップとは何か」を模索する日々で、それは今でも続いています。スタート当初はごみ分別などのボランティア活動が中心でしたが、2013年から2015年までは大学名の認知度拡大を目指し、当時の広報担当部署（後に広報課が継承）が担当部署となって「広告スポンサー型」を強化しました。選手の練習用ユニフォームやスタジアムのビジョン、ピッチサイドの看板に大学名を掲出したり、大学名を冠したスタジアムでのイベントを開催したりしました。最盛期は試合用のユニフォームパンツにも大学名を掲出しました。

成果指標はスタジアム来場者数を基本に、テレビ視聴率から算出される視聴者数を組み合わせて設定しましたが、これだと費用をかけて広告するほど成果があがることになります。企業のように商品認知率の向上が売上の拡大につながるとは限らない大学にとって、費用対効果という点から見直しを迫られることになりました。

２０１６年からは就職支援部署にも全面的に関わってもらい、「ファンマネジメント型」と「地域社会貢献型」を強化する大規模インターンシッププログラムを進めることにしました。学生にJ１という大舞台での成長の機会を提供し、来場者には学生の姿を通じて追手門学院大学のことを知ってもらう。これまでも周年式典や新キャンパスを活かした「直接広報」の例を紹介してきましたが、ここでも「直接広報」へと転換することにしました。

大規模インターンシップは、学内公募に手を挙げた1年生から4年生までの学生でチームをつくり、年間約20試合あるガンバ大阪のホームゲームの会場運営を毎回50人体制で担当するもので、単位認定も行います。J１クラブでは最大級のインターンシップと呼ばれています。学生たちは運営側と協力してオリジナルのマニュアルを作成し、来場者の誘導や案内、チケットチェックを行っています。また上級生が下級生を指導する体制も構築しており、２０１８年までの３年間で１３３人が参加しました。ここでの経験は就職活動の後押しにもなっており、参加者の就職内定率は１００％です。

広報課では学校名の入ったポロシャツを学生に提供しているほか、スタジアムのデジタルサイネージでインターンシップの取り組みを紹介したり、大学案内などの各種広報媒体やＳＮＳで発信したりすることで、他大学にはない教育プログラムとしてのインターンシップと成長する学生の姿を訴求しています。今では「ガンバインターンがあるから追手門に入学しました」という学生の声も聞くようになり、２０１９年は4月の時点で72人の1年生から応募がありました。

大学がスポーツスポンサーになる目的は様々ですが、教育を軸にその過程と結果を広報に活かす追手門学院大学の挑戦は、「教育・広報型」という5番目の型といえるかもしれません。

【参考文献】

大山高（２０１７）「Ｊクラブと地域密着の意味需要　―ドイツモデルから大学とのパートナーシップによる独自の発展へ―」早稲田大学博士学位論文

5 全国3分の1以上の大学で導入済み
―大学のキャラクター活用　認知拡大のフックとなるか―

全国759大学中286大学、率にして37・7％。これはキャラクターを導入している大学の数です。3分の1を超える大学に広報キャラクターがあるそうです。この数字は2017年11月の日本広報学会第23回研究発表全国大会において、筆者と同じく『月刊広報会議』で連載を担当していた東洋大学の榊原康貴氏が「大学キャラクターの分類」と題して発表した資料からの引用です。榊原氏ご自身も「全国の大学のホームページをせっせと調べました」というくらい、大学においてどのようなキャラクターがどのように活用されているのか、全容が分かるような報告書や論文はないように思います。

大学キャラクターの役割とは？

本節は大学におけるキャラクターをマーケティングとの関わりで考えたいと思います。このテーマを思いたったのはある他大学の職員の方からのメールでした。「大学のキャラクターの意味とか活用実態とかどうなのでしょう？　何かまとめられたものはあるのですか？」という質問をもらったことがきっかけです。追手門学院大学でも公式キャラクター「おうてもん」を２００９年から導入していますが、導入による効果を客観的に示すようなデータがあるわけではありません。多分に主観的にはなりますが、事例のひとつとして対比させることで具体的にイメージしていきます。

大学においてキャラクターを導入する意味は、「キャラクターを用いて自組織の独自性を高める」というキャラクターマーケティングの考え方と合致することが多いように思います。冒頭で紹介した榊原氏の発表によると、大学がキャラクターを導入する事例は２０００年代から増えているそうです。第1章でも触れた大学における広報活動が本格化する第２段階の始まりと重なります。このことから入試志願者の獲得を視野に、大学案内やホームページといった説明することを主眼とした媒体とは別に、認知経路を増やす手段のひとつとして導入されたことが考えられます。

実は『月刊広報会議』２０１６年3月号において、榊原氏が学生募集を担当する入試課時代にムーミンのキャラクターを用いて宣伝活動をしたことを紹介しています。東洋大学は１９９6年から２０１１年まで受験生への認知を広めるために他大学に先駆けてキャラクターを導入したということですが、その狙いはまさにマーケティングだったわけです。ポイントは２つあると思います。一つ目はキャラクターを導入した大学は、当時はまだ少なくインパクトがあっ

追手門学院大学公式キャラクター
「おうてもん」プロフィール

性別：男の子
誕生日：5月29日（追手門学院の創立記念日と同じ）
出身地：大阪城のそば
性格：
- 大きな目と耳で常に新しい情報をキャッチ
- 強い心を持ち、自分に厳しく、他人に優しい
- 人情に厚く、困っている人を見ると助けずにはいられない
- いつも手に本を持っているのは、向上心にあふれているから
- 勉強が好き

服装：袴と下駄は和のこころをあらわしている
幕末・明示に活躍した追手門学院創設者の高島鞆之助の青年時代をイメージ
愛読書：宮本輝 作『青が散る』
趣味：剣道・社交ダンス
（最近、『青が散る』の影響でテニスにも興味がある）

たこと、二つ目はすでに有名なキャラクターを用いたことで広く受け入れられたことです。

これに対して追手門学院大学のキャラクター「おうてもん」は独自のキャラクターとして誕生しました。当初は受験生への認知経路を増やす手段として、当時の責任者が「キャラクターをつくろう」と発案しました。しかし、なかなか案がまとまらなかったようで、筆者に声がかかり「こんなのはどうでしょう」と提案したのが今の「おうてもん」の原型です。元はこの数年前にあった創立記念事業に関わり、「在学生だけでなく卒業生やその子どもたちにも親しまれるようなキャラクターがあれば面白いな」と思い、新校舎を設計した建築士に「無料でキャラクターの

デザインをしてくれませんか」と個人的に依頼してつくったものでした。

導入の目的を明確にさせる

偶然の提案は意外なくらいあっという前に採用されて今に至るわけですが、今思うと本来、検討すべき項目が抜けていました。当初の目的は「入試志願者の獲得」という受験生を対象としたものであり、筆者が意図していた「幅広い世代に親しまれる」とは微妙にズレがあったということです。「おうてもん」の性格や意味づけも筆者が考えたわけですが、もちろん「おうてもん」そのものに知名度はまったくなく、キャラクターの導入自体も珍しいわけでもなかったので注目されることはありませんでした。

ただ、複雑かつ文章だらけの入試制度を「おうてもん」のイラストを使って、「得意科目を活かした受

図表2–3　キャラクターの活用比較

	オリジナルキャラクター	既存の有名キャラクター	人物（タレント）
知名度	なし	高い	高い
認知獲得の時間	長い	短い	短い
費用	安い	高い	高い
活用自由度	高い	低い	低い
イメージ設定	自由に設定が可能	既存のイメージが強い	タレントのイメージが強い
活用のリスク（不祥事・加齢）	低い	低い	あり

出所：筆者

験方法はコチラ」などと分かりやすく整理するきっかけにはなりました。キャラクターのメリットはポーズや場面設定などの加工が簡単な上、「キャラクターだから許せる」という親しみやすさを活かして物事を伝えられやすくできるところにあります（図表2―3）。性別や年齢によって伝わりやすい内容が変わる「人物」との大きな違いです。

しかし、そもそも「何のためにキャラクターを導入するのか」という目的に基づいたものでなければ本来の効果を求めることはできません。最初が肝心ということです。

キャラクター活用の今後

その後の「おうてもん」ですが、筆者が当初意図した「幅広い世代に親しまれる」マスコットとして息を吹き返し、着ぐるみもできました。学園祭、入学式、卒業式といった学内イベントはもちろん、併設校にこども園から中学・高校まである環境を活かし、子どもたちとの交流の場面や地域イベントにも出動しています。

運用は学生が担っています。学生からの提案で様々なポーズのＬＩＮＥスタンプを作成したり、マニュアルをつくってイラストをグッズに活用してもらったりと、学内では親しまれる存在になってきました。オリジナルキャラクターのメリットは、制約が少なく様々な活用が簡単に無料でできることです。それを継続的に実践することでしか認知を獲得することができないことを学ぶ機会ともなりました。

次の展開をどうするのか。ＳＮＳの活用が視野に入っていますが、筆者が知る限りオリジナルキャラクターを用いて本格的にＳＮＳを行っている大学は1校しか思い当たりません。「このような目的でこんな運用をしていますよ」という事例があれば、ぜひお知らせください。

6 「自校教育」「広報誌」で推進

―学生こそステークホルダー　自校理解を促す広報手段―

「大学で最も大きな存在（ステークホルダー）は学生である」ということに疑念を抱く大学関係者はいないと思います。にもかかわらず、基本的に4年間で卒業してしまう学生とのリレーションの構築を、広報的視点から考えることはあまりないように思います。筆者自身、研究の対象としてきたのは教職員であったり、大学組織全体であったりと学生を対象としておらず、学会発表や論文査読のコメントでも「学生を分析対象にしてはどうか？」という指摘をよく受けます。もっとも、そのような時は「今後の課題です」と回答するのが精一杯ですが。新型コロナウイルスによる感染症拡大防止の観点から多くの大学が２０２０年度春学期中の対面授業を取り止め、教職員と学生とのコミュニケーションが難しくなっている今、学生に対してリレーション構築の前提となる大学の現状や理念、それに歴史などについて、これまでどのように伝えてきたのかを振り返ることで、今後の一助になればと思います。

学生と大学の歴史と理念を共有する

第1章では「理念浸透」の観点から組織内広報を取り上げました。この時は大学の「従業員」ともいえる教職員を対象に、筆者の個人研究の成果を交えて、経営トップが理念を具現化した行動を示すことの重要性を紹介しました。理念のキャッチフレーズ化や広報誌による紹介などのコミュニケーションツールは、それ単体では補助的な役割に過ぎなかったわりですが、「経営トップと広報担当部署が連携することでその機能を高められる」というのが筆者の主張です。

学生を広報活動の対象として考える場合、教育を担う教員とのかかわりを見過ごすことはできません。理念に即した日々の教育活動こそが、学生が大学の理念を体現していく上で重要な要因になると考えられるからです。教職員に対して経営トップの行動が重要であることと同じように。しかし教育活動のあり方まで広げてしまうと誌面が足りなくなるため、今回は「自校教育」と「広報誌」という大学の現状や理念そのものを伝える取り組みから考えます。

自校教育は大学業界特有の教育プログラムです。この分野の研究で知られる岩手大学の大川一穀教授は「大学の理念、目的、制度、沿革、人物、教育・研究等の現況、社会的使命など、自校（自学）に関わる特性や現状、課題等を中心的な教育題材として実施する一連の教育・学習活動」と定義しています。この自校教育で扱う題材は大学の広報誌が対象とするテーマと同じであり、両者の違いは伝え方が教育活動か誌面か、担い手が主に教員か職員かというところです。

自校教育はカリキュラム（教育課程）の見直しや特色化の流れを受け、2000年前後から各大学で導入されており、大川教授による2008年の全国調査では、全大学の18％にあたる136校において実施されていました。自校教育の目的の多くは「大学の理念の周知」「愛校心・帰属意識の涵養」「大学史・沿革の理解」「大学の特性や現況の理解」などです。追手門学院大学も同様の目的で「追手門UI論」という科目を全学年向けに開講しています。内容は目的と同じく大学の理念を大学史・沿革から読み解く講義に始まり、ゆかりの地の見学、活躍する学生や卒業生それに教職員によるリレー講義を経て、最後に受講した学生達がグループで発表してまとめるというものです。

過去には筆者も含め広報課の職員も登壇し、大学での仕事や学生とのかかわりについて話をしたほか、後段で紹介する学生向け広報誌の制作をしている学生広報スタッフも先輩学生として取り組みを発表しています。「追手門UI論」で使用しているテキストは『追手門の歩み』

という大学が独自に編集・発行したものです。筆者はこのテキストの企画にもかかわりました。先行事例を調査するとともに、併設する追手門学院小学校の児童も読者として想定した結果、活字版と漫画版の2パターンを制作すること、いずれも人物史中心の紀伝体とすることを推進しました。これらにかかわる中でテキストに登場する先人が、筆者が学んだ中学校の前身校で教鞭をとっていたことが分かり、自身にとっても追手門学院で働く意義のようなものを再認識しました。受講した学生からも同様の感想や、「誇りが持てた」といった肯定的な意見が聞かれ、他大学でも同じような効果があることが報告されています。

学生も巻き込んだ「広報誌」制作

広報誌は大学によって様々なものが発行されてお

2008年から「学生広報スタッフ」が大学広報誌（現在の『OTEMON BRIDGE』）の編集作業に参加している

り、追手門学院でも学生、卒業生、それに教職員向けにそれぞれ発行しています。この内、学生向けは最もポピュラーなものとはいえ、２０１２年の文部科学省調査でも「広報誌最多発行部数の対象読者」という質問に対して「組織内の学生・教員等」という回答がいずれも最も多く、国立大学が73・5％、公立大学が69・2％、私立大学が78・1％でした。

一方で、「学生が主体となって編集・発行する広報誌はありますか」という質問に対して「ある」と回答したのは全体の23・7％で、内訳は国立大学が38・7％、公立大学が17・3％、私立大学が24・5％でした。想定している読者は学生にもかかわらずあまり学生が主体的に関わっていないことがうかがわれます。

筆者も広報担当になった当初、同様の疑問を抱きました。そこで大学の思いも伝えつつ学生のニーズを聞き、学生向けの広報誌を一緒に制作する「学生広報スタッフ」の取り組みを２００８年に始め、今も続いています。当時は全国的にも珍しく全国紙にも取り上げられました。学生がかかわることで、教育に直接携わることの少ない職員ができる双方向のコミュニケーションメディアとなり、広報誌の枠を超えて自校教育を支援するツールにもなりえます。両者の協働に可能性を感じています。

【参考文献】
大川一毅（2006）「大学における自校教育の現況とその意義 ―全国国立大学実施状況調査をふまえて―」『秋田大学教養基礎教育研究年報(8)』、秋田大学教育推進総合センター
大川一毅（2009）「全国大学における自校教育の実施状況―2008年度「自校教育実施状況調査」をふまえて―」『大学教育学会誌(31)』、大学教育学会

7　企業博物館研究の対比から
―大学史を視覚的に見せる 展示施設の広報的役割―

2020年春の叙勲において、追手門学院大学の卒業生で芥川賞作家の宮本輝氏に旭日小綬章が贈られました。どのような卒業生が輩出されてきたかという歴史は、大学のイメージやその大学らしさ（大学のブランド）を形づくる要素のひとつです。特に追手門学院大学の場合、宮本輝氏は大学開設と同時に入学した1期生であり、その当時の体験をベースに小説『青が散る』（文藝春秋）が書かれていることから、その影響力は多大なものがあります。

本節は大学のブランドを形づくる卒業生を、広報活動の一環として視覚的にアピールする大学の歴史展示施設を取り上げます。もっとも、その展示対象は卒業生個人に留まらず、大学の

「宮本輝ミュージアム」は2020年に開設15周年を迎えた

「将軍山会館」には50年前の制服が展示されている

歴史（大学史）そのものや卒業生に多大な影響を与えた教職員まで広げている場合がほとんどです。そのため「卒業生と関係する教職員、大学の歴史」までを一括りとして扱います。

教育研究機関である大学は、様々な形の展示施設を持っています。東京大学や京都大学のような国立大学の一部は、研究活動の一環で収集した資料を展示し調査研究も行う、①「総合的な博物館」を設置しています。また国公私立の別にかかわらず、②「著名な卒業生の顕彰・紹介」をする展示施設を設けている大学や、③「創立者や創立にかかわった教職員と大学の沿革を紹介」する施設やスペースのある大学も多いです。ここに挙げた3つの形式を別々にしている大学もあれば、関連させてまとめている大学もあります。特に私立大学は、今回取り上げる「大学の歴史展示施設」にあたる②「卒業生の顕彰・紹介」と③「創立者・沿革などの紹介」に関するものが多く、追手門学院大学も同様です

社会的イメージの向上に寄与

では、この「大学の歴史展示施設」を広報的に考えるとどうか。民間企業の企業博物館の事例と対比させて考えます。というのも「大学の歴史展示施設」に関する広報的研究の蓄積はほとんど確認できませんでした。企業博物館研究が先行しており、その成果を当てはめることで客観的に捉え直します。

企業博物館の研究は大正大学の高柳直弥講師が専門としています。企業博物館を「収集、保管、展示を通じて、設立企業の生業に関係するものの価値や意味を新たに発見および創造し、人々に提供する企業施設」と定義し、企業の広報活動の視点から全国の企業博物館にアンケート調査を行って特徴を明らかにしています。具体的には、観光施設などの機能を意図した「娯楽施設志向」、自社や業界の製品の歴史を伝える機能を意図した「製品史の伝達志向」、創業者や中興の祖の歴史や企業の沿革を伝える機能を意図した「企業史の伝達志向」、企業の社会的存在意義や社会貢献をアピールする機能を意図した「社会的イメージの向上志向」、ショールームや工場見学のような現在の企業活動をアピールする機能を意図した「自社の現在状況説明志向」、新技術や将来ビジョンを説明する機能を意図した「自社の未来説明志向」の6つを提示しています。そして、それぞれの志向の結び付きを相関関係という形で数値化し、「社会的イメージの向上志向」は、「製品史の伝達志向」、「企業史の伝達志向」、それに「自社の現在状況説明志向」との結びつきが強いとしています。

この分析を大学の歴史展示施設に当てはめると、②「著名な卒業生の顕彰・紹介」と③「創立者・沿革などの紹介」という機能は、企業博物館でいう「製品史の伝達志向」と「企業史の伝達志向」にあたると考えられます。大学は製品をつくっていませんが、研究をベースに教育に取り組み、社会に貢献する人材を育成するという点において、製品にあたる成果物は卒業生だといえなくもないからです。だとすると、大学は「創立者や沿革などの大学史や輩出した著名な卒業生の紹介を、社会的イメージの向上に活用したい」という広報的な役割を期待して歴史展示施設を設けているといえそうです。

大学の歴史展示施設は、２０００年以降、よく見られるようになりました。しばしば引用している第1章の大学広報発展段階の第２段階の始まりとも重なります。つまり大学間競争が激化し、社会的評価の向上に取り組むことが必要となった時期であり、追手門学院大学のような戦後の高度成長期に開設された大学はちょうど創立40年もしくは50年の節目を迎えた時期でもありました。各大学は周年事業の中核施策のひとつとして歴史展示施設を開設しましたが、ここには広報的役割が込められていたというわけです。

大学創立期の制服（左から）式典用、通学用

自校のアイデンティティを伝える

追手門学院大学は2005年に、冒頭で紹介した宮本輝氏の文学業績を顕彰する「宮本輝ミュージアム」を、2008年に大学史を紹介するコーナーを併設した「将軍山会館」を、それぞれ周年事業の一環として整備しました。

前者は「テルニスト」と呼ばれる宮本文学の熱心なファンをはじめ、『青が散る』に描かれた創立期の大学の様子を感じられる場としても広く親しまれ、年間1万人が利用しています。後者は明治時代にさかのぼる、大学創立の母体となった小学校創設者の説明や、大学創立時に導入された制服の展示、キャンパスの変遷や輩出された多彩な卒業生の紹介などをしています。受験生など大学を初めて訪れた人には大学史とともに社会的存在意義や社会貢献をアピールする場として、入学生にはアイデンティティを感じてもらう自校教育の場として活用しています。

大学訪問の折にはぜひ歴史展示施設を見学しましょう。広報的視点はもちろん様々な視点で見ていくと、大学が何を一番訴えたいのかが感じられると思います。

【参考文献】

高柳直弥（2018）「企業のコミュニケーション活動と博物館機能の観点から考察する現在の日本の企業博物館」、『広報研究』第22号、日本広報学会

第3章　広報課題分析編

ここでは「大学広報」を取り巻く課題を、データを参照しながら、能力開発、専門性、組織体制、危機管理広報の点から分析し、参考事例を提示します。

1 インプットとアウトプットの場
―学会で「能力開発」を 実務を見直すヒントに―

日本広報学会恒例の「研究発表大会」が2019年10月19日から2日間、愛知県の名古屋経済大学で開催(1)されました。約100人が集まり、筆者も会員の1人として参加しました。

本節は大学広報担当者の能力開発について、学術研究の向上を目的とした研究者らの集まりである「学会」との関わりから考えます。

研究者だけの集まりではない

ところで広報担当者の能力とは何でしょうか。

京都産業大学の伊吹勇亮准教授は2018年の日本広報学会第24回「研究発表大会」において、広報担当者に求められる能力を「プレスリリースの作成やメディアクリッピングなど実務担当者（テクニシャン）としての能力」と、「戦略の策定や広報効果の測定など管理職クラス（マネージャー）としての能力」の2つに分けて説明しています。本節の対象は後者です。伊吹准教授は、大学での学びと社会での労働が直結するアメリカでは、後者に関する教育を大学院が担っているものの、日本は不明な点が多く研究対象としても今後の課題としています。

学会というと、研究者以外は参加してはいけない集まりのように思ってしまいますが（筆者も当初はそうでした）、広報および大学職員業界においてはそのようなことはありません。広報業界で代表的なのが日本広報学会です。『月刊広報会議』でも毎号その活動が紹介されていますが、設立から20年以上の歴史があります。大学教員などの研究専門職が半数以上いることなど、一定の条件を満たしていることから日本学術会議協力学術研究団体に指定されています。しかし、研究者ばかりかというとそうでもなく、企業や団体の広報の実務担当者やＰＲ会社の社員、筆者のような広報の実務担当者で研究もしている人など様々です。

大学職員業界で代表的なのが大学行政管理学会です。私立大学を中心に１３６３人（２０１９年７月現在）の職員らで構成し、学会という名称はありますが、実務家中心の団体です。大学職員業界の特殊性として、大学の枠を越えた横のつながりの強さ、各大学の競争力の源泉ともいえる強みを積極的に共有しあう文化がありますが、それを醸成する場にもなっています。ここでは学術的な発表に限らず、各大学の取り組み事例を発表・共有することが盛んに行われています。２０１９年の研究発表大会は9月7日から2日間の日程で東京の実践女子大学で開かれました(2)。全国から約４００人が集まり、筆者もその１人として参加・発表してきました。

ここまで2つの学会を概観したところで、「学会に参加することと能力開発にどのような関係があるのか？」と思われた方もいると思います。もちろん学会に参加すれば、最新の研究成果や事例を入手することができます。新しい知見の獲得は仕事のヒントへとつながります。

しかし個人的に強調したいのは、参加の先に、自分自身が能力開発に取り組むきっかけになる効果があるということです。学会や、学会の傘下にある研究テーマごとの部会では、普段の仕事で出会わないような人と話すことができます。まして研究発表や事例報告をすると、その場やその後でも質問を受けたり意見交換をしたりする機会が増えます。

発表するのはもちろん、質問するにしても準備をしなければなりません。特に発表や報告をする場合、アンケートなどの調査をして分析結果を提示したり、自身の取り組みを理論に沿って客観的に捉え直したりする作業が必要です。これはもう能力開発に取り組んでいることと同じだと思います。

能力が磨かれる学びと発表の場

学会への参加とは、知見や人脈を獲得する「インプット中心型の参加」と、日ごろのインプットの成果を発表や報告という形でアウトプットし、参加者からのコメントを得て新たな気づきを得る「アウトプット中心型の参加」の２つがあり、後者は能力開発に大きく寄与するとまとめられます。

では日本広報学会と大学行政管理学会の研究発表大会への参加を通して、筆者自身の能力開発との関係を振り返ります。

まず日本広報学会です。2017年までは博士学位論文へのまとめと並行して「理念の浸透」をテーマに毎年発表していました。アンケート結果の実証分析から導いた持説への批評と研究成果の実務応用へのヒントを得るためで、「アウトプット中心型」の参加でした。

このテーマが一段落した2018年からは、次の研究テーマへのヒントと実務で必要な広報活動の効果測定に関する新たな知見を求めて「インプット中心型」の参加をしています。企業や自治体などの行政広報に比べて大学の広報はマイナーだと感じますが、それでも「論文につい て意見交換がしたい」「論文を施策のヒントにした」と声をかけられることもあり、自身の研究への気づきを得る機会にもつながっています。

次に大学行政管理学会ですが、こちらは実務家かつ同業者中心の組織であることから、広報に限らず他大学のマネジメントの実例を収集することを主眼に「インプット中心型」で参加してきました。

ただ筆者にとって大学は研究の対象でもあるので、過去に実施したアンケート調査への協力のお礼と結果報告を兼ねて、2018年と2019年は研究発表を行いました。聴講者は2回とも25人ほどでした。広報研究の中で大学を対象としたものはあまり蓄積がありませんが、同業者内でも関心の度合いはまだまだといったところで、引き続き必要性を感じてもらえるような研究や『月刊広報会議』での連載のような発信をしなければならないと思いました。

一方で波及効果もありました。2015年に職場の同僚2人と自主的な勉強会の成果を共同発表しました。この内の1人はこれがひとつのきっかけとなり、大学院に社会人入学しました。このように広報担当者や大学職員には学会という能力開発を後押しする学びと研究発表の場がありますす。そして、さらに先にはアメリカと同じように大学院進学というさらなる学びと研究の場があるわけですが、それは次節で取り上げます。

【注】

（1）コロナ禍のため、2020年と2021年はオンライン開催。

（2）コロナ禍のため、2020年は中止、2021年はオンライン開催。

2 広がる社会人大学院

―実務が研究テーマ　求められる高度化と専門性―

東京の大手私立大学で広報業務を担当しているという職員から「大学の広報研究のことで相

談したい」というメールが届いたのは2019年4月のことでした。その人は業務と並行して専門職大学院に通う社会人大学院生でもあり、「組織内広報の観点から大学における理念の浸透」について先行研究を調べる中で、筆者の『月刊広報会議』の連載や論文にたどり着き連絡したとのことでした。自分が取り組んだ研究が誰かの参考になっているということを実感した瞬間であり、さっそく、予定を調整して5月に面談を行い、研究や日ごろの広報業務について意見交換しました。

大学職員が進学で得られる能力

前節では、大学広報のインプットとアウトプットの場としての〝学会〟を取り上げ、能力開発の観点から考えました。本節は〝大学院進学〟を取り上げます。大学職員の大学院進学は、少子化に伴う大学間競争の激化により高度な専門能力が求められている近年、業界内ではよくのぼる話題です。

文部科学省の審議会である中央教育審議会大学分科会でも、職員の高度化に向けた方策の一環で「社会人学生として大学院等で専門性を向上させることを積極的に推進するべき」と必要性を述べています。同時に高度専門職の必要性にも触れ、具体例のひとつとして広報人材を挙げています。かくいう筆者はこの議論が出る前に博士前期課程を修了し、2018年に博士後期課程を修了するまで足かけ7年間社会人大学院生を経験しました。

大学職員に限らず大学院進学について学内外から相談を受けることもしばしばあり、関心の高まりを改めて感じています。意外なところではテレビで活躍しているお笑い芸人の方からも要請がありました。

大学職員の大学院進学に関する先行研究はいくつか確認できます。一例を挙げると、実際に社会人大学院生として進学した職員を対象にアンケート調査を行い、「入学動機」や「身につく能力」「大学院修了後のキャリア」など大学院進学の有用性を考察したものがあります。具体的に「身につく能力」としては「問題発見・解決力」「情報の収集・分析力」「広い視野（俯瞰力）」など、広報担当者はもちろん社会人としても必須の能力が挙げられています。

前節で広報担当者に求められる能力として「実務担当者としての能力」と「管理職クラスとしての能力」の2つを紹介しましたが、大学院教育は主に後者に寄与すると考えられます。また筆者自身も含め多くは自身の業務上の課題を研究テーマとし、理論を用いて客観的に捉え直し、教育研究の過程で身につけた統計分析などを活用して論文をまとめています。その手法は日ごろの業務にも応用できるものです。

では、実際にはどこの大学院に進学をしているのでしょうか。広報業務と直結するところでは専門職大学院の社会情報大学院大学があります。２０１７年に開設した国内初となる広報専門の新しい専門職大学院です。企業広報を中心にケーススタディを豊富に取り入れたカリキュラムで大学職員も学んでいます。

次に主に大学職員を対象とした大学院です。東京大学、名古屋大学、広島大学といった国立大学をはじめ、私立大学では桜美林大学（東京・町田）と２０１８年に新たに開設した追手門学院大学が挙げられます。研究の対象を大学に関することに限定しているのが特徴で、講義科目は経営学や教育学に基づいた「大学経営論」「高等教育論」「大学職員論」などを開講しています。ちなみに「広報」に特化した科目は見受けられません。進学者の研究テーマも当然、大学に関することです。東京大学の場合、公式ホームページに掲載されている２０１８年度修士論文のタイトルからは「大学職員の成長実態」「私立大学の学生獲得」「自治体との連携」「大学のガバナンス」などのキーワードが見られました。特に組織と人に関するテーマはどの大学院でも関心の高い研究テーマです。

最後に広報専門でもない、大学職員対象でもない（一般的な）大学院です。大半の大学職員はジョブローテーションを前提としたゼネラリスト人材であり、マネジメント能力や企画力が求められます。経営学分野との親和性が高く、経営学関連の大学院は全国にあることから受け皿のひとつになっています。筆者も働きながら通いやすいという点を最重要視した結果、この部類の大学院に進学しました。

進学に前向きな大学は約2割

ここまで広報担当者や大学職員の能力開発の受け皿となる大学院についてまとめました。しかし、「時間も費用もかかる上、職場や家族の理解も必要。簡単に進学できるものではない」と考える人も多いのではないかと思います。東京大学が全国の国公私立大学の職員を対象とした調査(1)によると、大学院入学の妨げとなる要因の上位は、「時間の確保ができない」「費用が高い」「職場の理解が得られない」「処遇面で評価されない」「自分にあった教育課程がない」でした。全国の国公私立大学の人事部署を対象とした別のアンケート調査でも、職員に対する能力開発や自己啓発はほぼすべての大学が必要だと感じているものの、自己啓発として大学院進学を望ましいと考えている大学は20%ほどに留まったことが明らかになっています。「職場の理解が得られない」「処遇面で評価されない」との関連がうかがえます。

いずれにしても大学院進学の有用性、能力開発の必要性、大学広報の専門性は認められているものの、越えなければならないハードルはいくつもあります。時間と費用の確保はもちろん、上司を含めた職場や人事部署への「自分自身の広報活動」は特に重要なポイントです。広報担当者は大学の広報業務のかたわら自身の広報にも取り組む。さらにいえば自身の広報が大学の広報コンテンツにもなるよう融合させてしまうそんな工夫も必要かもしれません。

【注】

（1）東京大学大学院教育学研究科大学経営・改革センター（2010）「大学事務職員の現状と将来―全国大学事務職員調査―」

【参考文献】

中央教育審議会大学分科会（2014）「大学のガバナンス改革の推進について」（審議まとめ）、文部科学省

藤原久美子（2013）「大学職員における大学院教育の有用性に関する一考察」『大学行政管理学会誌⒄』大学行政管理学会

安田誠一（2015）「大学職員の能力開発における大学院教育の位置づけ ―大学人事部への調査からの考察―」『大学アドミニストレーション研究⑸』桜美林大学

3　国公立、大手私立で顕著

―大学経営における重要性　広がる広報担当部署設置の動き―

２０１９年12月、日経メディアマーケティングの「大学ブランド戦略セミナー」において、追手門学院大学の取り組みを紹介する機会を得ました。これまで有名かつ大手私立大学による講演が中心の場でしたが、『月刊広報会議』での連載のおかげもあり〝中堅私立大学のブラン

ド構築〃という新たな切り口を提示することができました。

大学広報への関心の高まりを実感

大学ブランドは構築中ということでテーマを「中堅私立大学の戦略広報～追手門学院大学の挑戦～」に設定しました。ここでいう戦略広報とは3年ごとに策定している追手門学院の中期経営戦略を支える計画的な広報活動のことで、情報発信はもちろん、計画を継続していくための組織への関与も含んでいます。

内容自体は業界における自大学のポジションを明確にして経営戦略に応じた広報ストーリーを編集し、志願者増などの裏付けとなる事実とあわせてステークホルダーとコミュニケーションをはかるというものです。継続性

2019年12月の「大学ブランド戦略セミナー」（主催：日経メディアマーケティング）に登壇する筆者

と組織力を高めるため、全部署で取り組むことを盛り込んだ戦略フレームを説明しました。

定員50人を上回る参加があり、大阪での開催にもかかわらず北海道や九州などの遠方からの参加もありました。申し込みベースで内訳をみると、大半がテーマに沿った中堅私立大学の広報担当者で36校から41人、国立大学が4校から5人、公立大学が5校から6人、学生数1万人を超える大規模私立大学は6校から6人でした。いくつかの大学の参加者と話をしましたが、どこの大学も各大学の課題に応じた広報の悩みを抱えているようでした。「民間企業からの転職で広報担当になったが何から始めればよいのか？」「教員との関わり方やそのために必要なことは？」「次の広報展開をどう描いていけばよいのか逡巡している」など、筆者も直面してきた課題が多く聞かれました。振り返るとそれぞれに対してベストの対応策があったわけではありません。「担当者自身が専門性を高め、広報担当部署を確立していく」過程において、大学全体にどう貢献するか中長期的な視野をもってその都度対応してきたように思います。

高度な専門性が求められる担当者

大学広報の専門性はすでに指摘されています。２０１４年の中央教育審議会大学分科会「大学のガバナンス改革の推進について」（審議まとめ）では、大学広報に関する言及がされています。「改革には教職員への明確なビジョンの提示とコミュニケーションが必要」と組織内広報の重要性を指摘しているほか、改革の実行に必要な高度な専門性を有するスタッフの具体例のひとつとして「広報人材」を挙げています。

さらに「こうした専門性を持った人材は、社会的要請を踏まえた大学改革の推進力として、執行部を支えることが期待され、安定的に採用・育成していくことが重要である」と結んでいます。この審議まとめに基づくと、広報担当部署は、第1章でも提示した「大学広報の役割の変遷」の第3段階「経営機能としての役割」が期待される専門性の高い部署であることが求められています。では実態はどうでしょうか。そこで文部科学省が2012年3月に行った「大学等の広報に関するアンケート」（以下、2012年文科省アンケート）と、筆者が2016年6月に「理念の浸透」をテーマに全国の大学の広報担当部署に行ったアンケートの内、「広報の組織・体制」に関する部分（以下、2016年アンケート）を対比させました。

2つのアンケートにおける時間の間隔は4年ですが、この4年の間に大学業界では大きな変革がありました。2014年の中教審「大学のガバナンス改革の推進について」（審議まとめ）を背景にした「大学ガバナンス改革」です。大学を取り巻く環境が劇的に変化する中、学長のリーダーシップによる改革を促進するため、学校教育法と国立大学法人法の一部が改正され、2015年に施行されました。

そこで2012年文科省アンケートよりも2016年アンケート時点の方が「広報を専門と

図表3−1　広報専門部署の設置状況比較

		回答大学数	はい	いいえ 入試や総務などの兼務	設置比率
国立大学	2012年文科省調査	85校	54校	31校	64%
	2016年調査	33校	25校	8校	76%
公立大学	2012年文科省調査	65校	10校	55校	15%
	2016年調査	41校	16校	25校	39%
私立大学	2012年文科省調査	518校	185校	333校	36%
	2016年調査	171校	59校	112校	35%
合計	2012年文科省調査	668校	249校	419校	37%
	2016年調査	245校	100校	145校	41%

出所：文部科学省広報室「大学等の広報に関するアンケート調査結果」(2012年10月）および筆者による「大学における理念の効果と浸透策に関するアンケート調査」(2016年６月）の「広報の組織・体制」部分をもとに作成

する部署を設置している大学が増えているのではないか」という仮説を立てました。実際に両者の結果を比較したのが図表3−1です。

２０１２年文科省アンケートは当時の大学の大半を網羅する６６８校から回答があったのに対して、２０１６年アンケートは対象校７４３校のうち２４５校からの回答でした。質問内容は「広報を専門に担当する部署を設置していますか?」というもので、「はい」または「いいえ（入試や総務などの兼務）」で回答してもらいました。

その結果、公立大学において有意に広報専門部署を設置している大学の比率が高い（設置している大学が増えている）ことが分かりました。２０１２年の比率がかなり低かったこともありますが、この４年で広報を重点化した大学が増えていました。国立大学は２０１２年の段階から広報専門部署を設置している大学の比率が高く、この4年でさらに高まったと思われます。

一方、国公立大学に対して私立大学は特に変化がありませんでした。もっとも、数が多く規模ひとつとっても多様な私立大学を、ひとくくりで分析することは現実的ではありません。誌面の都合で詳しくは触れられませんが、入学定員８００人（学生数規模３０００人）を境に２つのグループに分けて比較すると、入学定員８００人以上の大学が広報専門部署を設置している比率は国立大学と遜色ありません。

広報への専門性が求められる中、国公立大学はその方向に向かっているように思われますが、私立大学はその規模によって二極化が進んでいる可能性が感じられます。２０２０年はちょうど２０１６年アンケートから4年後にあたります。調査をすればどのような変化がみられるのか気になるところですが、先の講演会参加者と話をした限りでは広報担当部署の確立に向けて奮闘する心意気が感じられ、大いに期待が持てました。

4 国立と公立とのギャップも
――大学の広報専門人材　登用と配置の実態とは？――

本章では大学広報の専門性について考えてきました。組織レベルでの現状をみると、広報課や広報室といった広報専門部署の設置は公立大学において私立大学並みに進んだのに対して、国立大学と私立大学については現状維持に留まりました。一方、個人レベルでこうしたことが話題にのぼることはほとんどありません。

そこで少し古いですが２０１２年の文部科学省調査（以下、文科省調査）データから大学の広報担当の採用と配置を取り上げます。ここでいう広報担当は、学生募集を担当する入試広報の担当とは別に、第１章第２節で定義した「大学広報」を主とする担当者です。

先に大学広報を担う「広報人材は高度専門職である」という政府の指針を再確認しましたが、文科省調査に「広報担当専門人材の外部からの登用有無」に関する質問があります。それによると国立大学の31・8％、公立大学の７・７％、私立大学の18・5％が「広報担当専門人材がいる」と回答しています（図表３―２）。国立大学において比較的専門人材の登用が進んでいるのに対して、公立大学の大半はそうした登用をしていないという、専門部署の設置と同じような傾向がみられました。

採用人材から見る各課題点

では具体的にどのような広報担当専門人材を登用しているのか。さきほどの「登用有無」の質問で「広報担当専門人材がいる」または「かつてはいたが、今はいない」と回答した大学に、どのような職歴の人を登用したのかを聞いた質問があります（図表3−3）。それによると、国立大学は「広告会社、PR会社」「雑誌編集者、ライター」が、公立大学は「その他」「広告会社、PR会社」が、私立大学は「広告会社、PR会社」「その他」

図表3−2　広報担当専門人材の外部からの登用状況

分類		回答大学数	いる	かつてはいたが、今はいない	いたことはない
国公私立大学別	国立大学	85校	31.8%	8.2%	6.0%
	公立大学	65校	7.7%	3.1%	89.2%
	私立大学	518校	18.5%	10.6%	70.8%
学生数別	1,000人以下	413校	10.2%	9.2%	80.6%
	1,001人〜3,000人	221校	11.3%	10.0%	78.7%
	3,001人〜5,000人	80校	28.8%	10.0%	61.3%
	5,001人〜10,000人	92校	20.7%	8.7%	70.7%
	1万1人以上	64校	57.8%	10.9%	31.3%

＊学生数別の対象校には国公私立大学のほか、公立短期大学および私立短期大学を含む。
＊学生数別の内、1万1人以上の対象校は大学のみ。
出所：文部科学省広報室「大学等の広報に関するアンケート調査結果」2012年10月

図表3−3　外部からの広報担当専門登用者の職歴（複数回答）

分類		回答大学数	広告代理店、PR会社	新聞記者	企業の広報等の担当者	雑誌編集者、ライター
大学国公私立別	国立大学	34校	38.2%	17.6%	11.8%	26.5%
	公立大学	7校	28.6%	−	14.3%	14.3%
	私立大学	151校	31.8%	25.8%	14.6%	10.6%
学生数別	1,000人以下	80校	18.8%	16.3%	23.8%	15.0%
	1,001人〜3,000人	47校	36.2%	17.0%	12.8%	6.4%
	3,001人〜5,000人	31校	41.9%	19.4%	16.1%	12.9%
	5,001人〜1万人	27校	37.0%	29.6%	7.4%	11.1%
	1万1人以上	44校	29.5%	38.6%	11.4%	18.2%

分類		回答大学数	テレビ局関係者	サイエンスコミュニケーター	その他	無回答
大学国公私立別	国立大学	34校	8.8%	5.9%	20.6%	−
	公立大学	7校	−	−	42.9%	−
	私立大学	151校	6.6%	−	26.5%	2.0%
学生数別	1,000人以下	80校	2.5%	−	37.5%	6.3%
	1,001人〜3,000人	47校	4.3%	−	34.0%	−
	3,001人〜5,000人	31校	12.9%	−	16.1%	−
	5,001人〜1万人	27校	18.5%	−	14.8%	−
	1万1人以上	44校	2.3%	4.5%	18.2%	2.3%

＊広報担当として外部から専門人材として登用した職員が「いる」または「かつてはいたが、今はいない」と回答した学校が対象。
＊学生数別の対象校には国公私立大学のほか、公立短期大学および私立短期大学を含む。
＊学生数別の内、1万1人以上の対象校は大学のみ。
出所：文部科学省広報室「大学等の広報に関するアンケート調査結果」2012年10月

「新聞記者」がそれぞれで多いことがわかります。

全体的に「広告会社、ＰＲ会社」出身者を登用している大学が多く、広告などを活用した宣伝やメディア露出の強化を意図しているように思います。国立大学に「雑誌編集者、ライター」と「新聞記者」が多いのは研究成果の発信や危機管理広報などの個別の課題を強化したいという考えが感じられます。私立大学も同様の傾向ですが、より「新聞記者」の比率が高いのは、記者のセカンドキャリアの受け皿として新聞社との関係を強化し、学生の採用にもつなげたい狙いがあるものと推測します。

なお、国公私立の別を問わずに学生数での比較をみると、1万1人以上の大学は「新聞記者」が38・6％と最も高く、「雑誌編集者、ライター」も18・2％と他より高いことから研究成果の発信や危機管理広報の強化が考えられます。５００１人以上1万人以下の大学も「テレビ局関係者」と「新聞記者」をセットで考えると同じ傾向といえます。特徴的なのは３００１人～５０００人という中堅私立大学を含むカテゴリです。ここは「広告会社、ＰＲ会社」が41・９％と他のカテゴリと比べても高く、学生募集のための宣伝活動の強化や広報活動の構築を意図しているとみられます。各大学の課題に応じて登用する専門人材も異なることが改めて確認できます。

採用して終わりではない

ここまで広報専門人材の採用を少し古い文科省調査から確認しました。大学職員の採用は新卒採用と既卒採用に分かれ、専門人材の登用は既卒採用の中に含まれます。まとまったデータがあるわけではありませんが、既卒採用の枠で広報専門人材を特定して募集する場合もしばしばみられます。応募条件で多いと感じるのは、広告会社や記者の経験で、２０１２年の調査であった職歴と同じようなものです。しかし、当初は広報専門人材で採用されても、日本の大学の人事制度はゼネラリストを前提としたジョブローテーションが基本のため、何年かすると広報とは関係の無い部署に異動することがあります。

それを裏付けるデータも文科省調査で確認

図表3–4　主として広報業務を行っている正規職員の平均的な在席期間

分類		回答大学数	平均値	中央値
国公私立大学別	国立大学	85校	2.5年	2.5年
	公立大学	65校	2.6年	2.5年
	私立大学	518校	5.1年	4.0年

出所：文部科学省広報室「大学等の広報に関するアンケート調査結果」2012年10月

図表3–5　主として広報業務を行っている職員のうち、最も長い期間在籍している職員の在籍年数

分類		回答大学数	平均値	中央値
国公私立大学別	国立大学	85校	3.3年	3年
	公立大学	65校	2.8年	2年
	私立大学	518校	8.6年	7年

出所：文部科学省広報室「大学等の広報に関するアンケート調査結果」2012年10月

できます。図表3―4、3―5は「主として広報業務を行っている正規職員の平均的な在籍期間」と「最も長い期間在籍している職員の在籍年数」です。国公立大学は2～3年で異動し、私立大学は5年を超えて在籍する職員もいる一方多くは4～5年で異動していることがうかがわれます。

そこから考えると外部から広報専門人材を登用するにしても採用して終わりではなく、やはり既存職員の広報業務への理解とスキルを高める育成が重要です。しかし、あくまで実感値ですが広報専門部署の多くは最小限の人数で運営しています。これについては文科省調査のデータと2016年に筆者が行った調査を比較しても統計的な変化は確認できず、増員も図られていませんでした。

広報については高度化に伴う専門部署の設置と専門人材登用の動きがある一方、定期的な人事異動と少ない人員配置による育成の難しさというジレンマを抱えているといえるでしょう。

【参考文献】

谷ノ内識（2020）「大学広報はどこまで進んでいるのか―ガバナンス改革期前後の組織比較から―」『広報研究』第24号、日本広報学会

5 全学をあげた総力戦

―危機管理広報の備え　部署間での連携を強める―

例年であれば大学にとって毎年2月、3月は学生が旅行や短期留学に出かけることが多い長期休暇の時期です。教職員数よりもはるかに多い学生一人ひとりの休暇中の行動を把握することは不可能ですが、学生が事件・事故に遭遇すると大学としての対応も必要になってきます。

本節は危機管理広報の中でも、学生に関する問題事案発生後の対応への備えを考えます。SNSの普及に伴い学生が投稿した記事に端を発したネット炎上に対する広報対応も重要ですが、こちらは『月刊広報会議』２０１7年12月号の対談記事（1）でも触れていますので本節は対象としません。

求められる迅速・正確なメディア対応

大学広報において危機管理広報というのは関心が高いテーマです。他大学の広報担当者に限らず多くの方から「危機管理広報について書いてほしい」という要望をいただきます。ある国立大学の広報課長からは「広報課ができたのは、その当時不祥事が連続して発生してメディア対応が必要になったからだ」とうかがったこともあります。言うまでもなく危機管理広報とメディア対応は密接に関係しています。

2019年10月に開催された日本広報学会第25回研究発表全国大会において、企業広報戦略研究所（電通PR内）が「企業のリスクマネジメントに関する調査報告」を行いました。2019年8月に、20歳から69歳までの全国の男女を対象にインターネットリサーチの手法で3000サンプルを分析しています。それによると「企業の事件、事故、不祥事の認知経路」で最も高かったのがテレビ番組で91・6％、次いでニュースポータルサイトが43・1％、3番目に新聞記事で39・2％でした。ちなみにSNSは12・3％、雑誌記事は7・9％ですので、依然としてテレビ・新聞の発信力は強いようです。

また、「企業の事件・事故・不祥事を知った際のアクション」で最も多かったのが「信頼しているメディアで事実を確認した」で、「よくある」と「たまにある」を合わせて63・7％。これは「問題を起こした企業のウェブサイト等で発信されている情報を確認した」の「よくある」と「たまにある」を合わせた43・5％を上回っており、世間は当事者の発表よりもメディアによる客観的な報道に注目していることが分かります。

そして「事件・事故・不祥事を起こした企業に求める情報開示」について50％を超えた項目は「迅速な情報開示」で69・6％、「開示内容の正確さ」が68・0％、「疑問・不安への的確な回答」が56・7％でした（図表３－６）。問題発生後の危機管理広報は、メディア対応を柱に迅速かつ正確な情報開示ができるかが問われます。そこで重要になってくるのが普段からの備えです。

大学もリスク管理対策へ注力を

『月刊広報会議』２０２０年２月号「２０２０年わが社が注力したい広報活動」ランキングの６位は前年と同じく危機管理広報でした。特集では関連アンケートの集計結果も掲載されており、「リスク管理の研修を実施していますか？」の設問に「実施している」と回答したのが20・9％。ちなみに前年は18・6％でした。また「この1年間で、メディアトレーニングを実施しましたか？」は「実施した」が

図表3－6　事故・不祥事を起こした企業に求める情報開示

Q. 企業が事件、事故、不祥事を起こした際、どのような情報開示を求めますか?

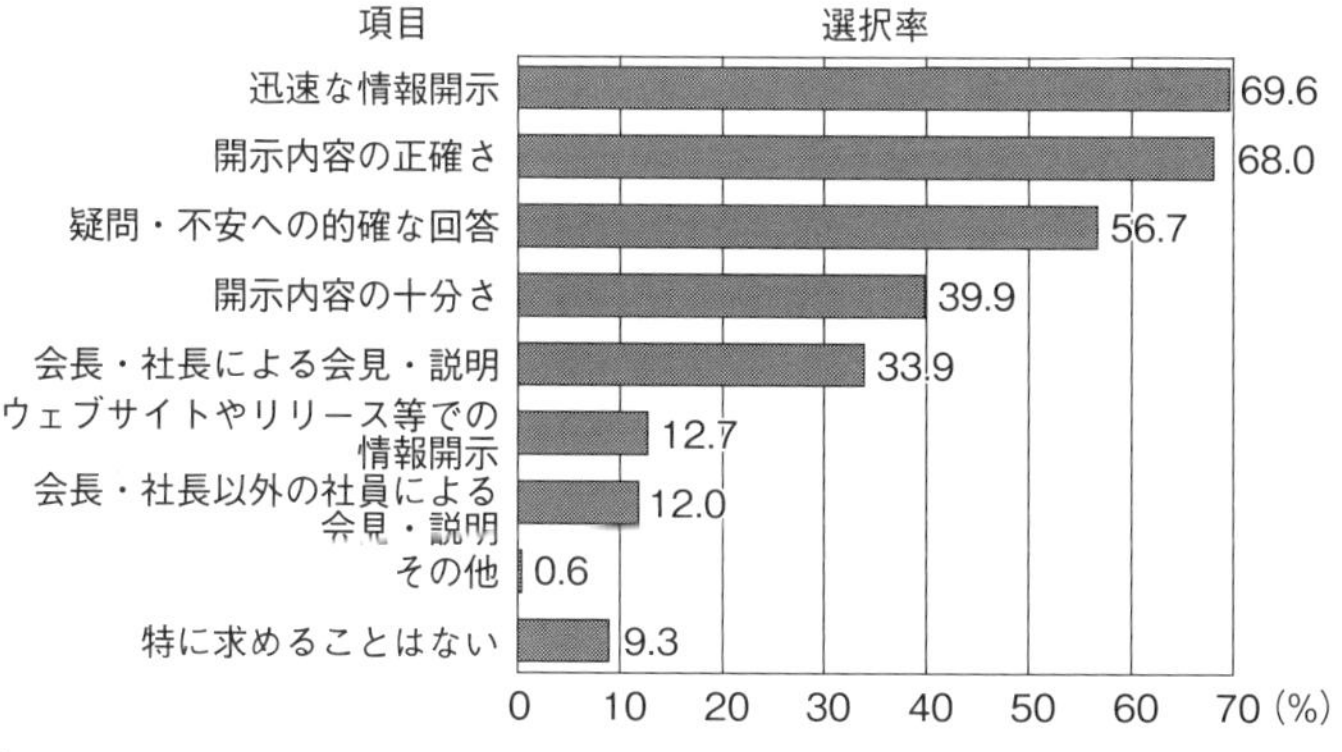

＊N＝3000、複数回答
出所：企業広報戦略研究所「企業のリスクマネジメントに関する調査報告」(2019)

16・4％で、前年は14・1％でした。

ただし本アンケートは大学に限ったものではありません。大学に限定したデータは２０１２年の文部科学省調査で「危機管理広報について広報担当部署で実施している取り組み」について質問したものがあります（図表3―7）。

それによると「メディア対応マニュアルの作成」について、国立大学が32・9％、公立大学が6・2％、私立大学が15・1％で対応済み。「組織内でのメディア対応事例の共有」に、国立大学が11・8％、公立大学が7・7％、私立大学が16・4％で対応済み。「メディア対応研修の実施」に、国立大学が7・1％、公立大学が6・2％、私立大学が6・8％で対応済みという結果でした。

しかしその一方で、国立大学の44・7％、公立大学の83・1％、私立大学の66・6％が「特に実施していない」

図表3―7　大学の危機管理広報の実態

Q. 危機管理広報について広報担当部署で実施している取り組みは？

	回答大学数	危機管理に関するメディア対応マニュアルの作成	組織内での危機に関するメディア対応事例の共有	危機管理に関するメディア対応研修の実施	その他	特に実施していない
国立大学	85	32.9%	11.8%	7.1%	8.2%	44.7%
公立大学	65	6.2%	7.7%	6.2%	3.1%	83.1%
私立大学	518	15.1%	16.4%	6.8%	5.6%	66.6%

出所：文部科学省広報室「大学等の広報に関するアンケート調査結果」（2012年10月）

とも回答しています。少し古い調査ではありますが、『月刊広報会議』の２０２０年の調査結果と比べてみるとそれほど変わっていないのかもしれません。

広報以外の役割を見える化

こうした中、追手門学院大学では「学生が事件・事故に巻き込まれた」という事案を想定して、リスク管理とメディア対応を兼ねた研修を国際交流担当部署、学生支援担当部署、危機管理全体を統括する総務課、メディア対応を担う広報課、担当教員が合同で行っています。

最近は「海外語学研修に参加している学生たちが、休日に訪れたショッピングモールで爆破テロに遭遇し、死傷者が出ている」という想定で行いました。対策本部の立ち上げに始まり、情報の収集とホワイトボードでの学内関係者との共有、家族への連絡、公式情報のまとめと対応責任者へのレクチャーなど一連の流れを確認（年によっては模擬記者会見も）しました。現実に同様のことが発生すると「全員が集まってから対応する」とはなかなかならず、事件・事故に直接関わる部署と広報課で情報共有をしながら、その他連携を要する部署に声をかけて対応するというのが実際のところです。

こうした研修をすることで、それぞれの部署の役割が見える化できます。各部署の課題の確認、そして広報課以外では関わることがないメディア対応への理解を高めることにもつながり、危機管理はもちろん、それ以外でも連携がしやすくなることが期待できます。
危機管理広報、特に問題発生後の対応は大学をあげた総力戦です。しかも大学の規模の大小に関係なく突然発生する事案もあります。日ごろの部署間連携の状況を確認する意味でも、こうした危機管理に関する合同研修は有効な手法のひとつだといえるでしょう。

【注】

（1）宣伝会議デジタルマガジンからの購読も可能。

6 激変！ 志願者ランキング
―志願者減の意味を考える―

2021年度入試は、2020年度（2020年4月1日～2021年3月31日）中に実施した2021年4月入学者向けの入試のことですが、コロナ禍と大学入学共通テスト導入初年度という歴史的な出来事が重なり、各大学とも最後まで予断を許さない状況が続きました。私立大学の中には合格者を元にした入学者の割合、いわゆる歩留まり率が読めず、3月末まで追加合格を出して入学者を確保する大学も見られました。

この前例のない1年の大学入試の結果はすでに様々な専門家や評論家が分析しているところですが、その前の年の段階で大学共通テストを嫌って現役合格にこだわる層が一定数いたことから、２０２１年度入試は前の年より浪人生が減少し、受験生全体数自体も少なくなる中での入試となったのも事実です。

コロナ禍も志願者数減に拍車

２０２１年４月19日付朝日新聞朝刊によると、学部系統別では就職に強いとされる医療系の人気が高かったほか、資格系や理工系も堅調だったとのことです。一方、コロナ禍で海外留学の再開のめどがたたないことを背景に、国際・外国語系は志願者を減らし、経済環境の悪化が続くとの懸念から経済、経営、商などの学部も不人気だったと分析しています。

２０２１年４月９日に筆者が直接取材した、教育情報会社の大学通信常務取締役の安田賢治氏はさらに詳細に分析しています。それによると、初実施だった２０２１年1月の大学共通テストについては、志願者が53万５２４５人で、浪人生受験の減少により２０２０年のセンター試験より2万２４５４人、率にして４％と過去最大の減少になったということです。そして国公立大学については先行き不透明なコロナ禍による地元志向、安全志向が見られ、東京大学、京都大学、大阪大学など最難関国立大学は志願者が減少したとのことです。

では筆者の追手門学院大学を含めた私立大学はどうだったのか。大学共通テスト後、3月までに実施され入学難易度（偏差値）の基準となる一般選抜（旧一般入試）について安田氏は、「志願者全体が 前年と比べ、戦後最大となる12％減少した」と分析しています。主な理由として、少子化に伴う高校卒業者数が前年より約2・6％減少したこと、浪人生が約2割減少したこと、コロナ禍による大都市圏での受験併願校数が減ったことなど大学外部の環境変化を最初に挙げています。続いて、これもコロナの影響で、２０２０年中に進学先を決められる学校推薦型選抜（旧指定校推薦入試や公募制推薦入試）など大学業界で「年内入試」と呼ぶ入試への受験生の人気が高く、大学側も多めに合格者を出したことを挙げています。このほか、大学自らの取り組みとして、入試制度の見直しが良い方向に働いた大学とそうでなかった大学とを分けるポイントにもなったと指摘しています

志願者ランキングの意味

今後の大学入試については、学力の3要素である①知識・技能 ②思考力・判断力・表現力 ③主体的に多様な人々と協働して学ぶ態度のうち、①重視になっている現状に②と③をどう評価していくのか、多面的評価に基づく多様な入試が国公立大学のみならず私立大学でも引き続き進むと予想しています。その結果、①をペーパーテストで評価する一般選抜の募集人員は全

体的に少なくなり、従来からの一般選抜中心の大学入試像が大きく変化すると見ています。

以上、２０２１年度大学入試分析の話が長くなりましたが、これを引用したのは第1章でも取り上げたように、多くの大学（特に私立大学）にとって広報活動の評価指標が一般選抜志願者数になっているからです。各種メディアでは毎年私立大学の一般選抜における2つのランキングに注目が集まります。ひとつは一般選抜志願者数、もうひとつは一般選抜志願者連続増加年数です。今回、コロナ禍という外部環境の急変はこの2つのランキングに大きなインパクトを与え、安田氏の言を借りれば「少子化が進む中、今のような志願者の増加数や連続増加年数をランクづけすることはいずれ行き詰まるはず。コロナ禍でそれが早まっただけ」とも言え、それは結果に表れています。

このうち一般選抜志願者数は、第1章で提示した全私立大学志願者数の約40％を占める大都市圏の大規模・有名大学が軒並み志願者を減らしました（図表3−8）。安田氏は「入試制度を見直した千葉工業大学と立教大学で増加した一方、早稲田大学は減少した。しかし早稲田は看板学部の政治経済学部で文系では珍しい数学を必須とした影響も大きい。コロナ禍とは関係なく量より質を求める入試改革も進んでいることを見逃してはいけない」と解説しています。

また、5年以上の連続増加年数ランキングは追手門学院大学も含め２０２０年度は18大学ありましたが、２０２１年度入試では大阪産業大学と広島経済大学のわずか2校になりました

（図表3―9）。5年以上連続増を続けるということは、入試改革はもちろん学部学科の改組や教育内容や管理運営の見直し、新しい教育プログラムやキャンパス整備の打ち出しなど、教育・経営両面の不断の改革努力なしには難しいと考えられます。そうした取り組みを続ける大学の志願者連続増がストップしたことは、コロナ禍などの外部環境の変化のインパクトがいかに大きかったかがうかがえます

数字だけではない共感を呼ぶ広報を

大学業界人にとってまずは自大学の志願者推移が重要ですが、メディアで取り上げられる一般選抜志願者数にまつわるランキングも広報的には無視することはできません。筆者も一般選抜志願者連続増加年数ランキングを改革の成果を示す根拠として用いてきたことも事実です。

しかし、今回のコロナ禍のインパクトが示したように数字だけでは語り切れない部分があるのもまた事実です。第5章で取り上げる「大学グループの序列化」と同様に、外部の各種指標に対して大学自らがどれだけ本質的な部分を提示し、社会に対して共感を得ることができるのか。広報的スタンスについて考えさせられる2021年度入試結果でした。

図表3–8　2021年度一般選抜志願者数ランキング

順位	大学	募集	志願者数	昨年最終	前年比
1	近畿大学	4,951	135,979	145,350	−9,371
2	千葉工業大学	1,379	108,707	103,269	5,438
3	明治大学	5,360	99,470	103,035	−3,565
4	日本大学	7,709	97,948	113,902	−15,954
5	早稲田大学	5,155	91,659	104,567	−12,917
6	法政大学	4,224	90,948	103,628	−12,680
7	東洋大学	5,634	89,821	101,776	−11,955
8	立命館大学	4,797	83,512	103,669	−20,157
9	関西大学	3,724	79,526	87,625	−8,099
10	中央大学	4,352	78,534	86,476	−7,942
11	立教大学	3,071	65,475	61,308	4,167
12	龍谷大学	2,806	56,379	53,281	3,098
13	東京理科大学	2,739	49,301	56,355	−7,054
14	専修大学	2,626	47,381	51,024	−3,643
15	同志社大学	3,797	44,481	49,946	−5,465
16	東海大学	3,931	44,321	56,285	−11,964
17	福岡大学	3,071	44,072	52,112	−8,040
18	京都産業大学	1,983	40,925	56,220	−15,295
19	青山学院大学	3,009	40,123	57,822	−17,699
20	芝浦工業大学	1,567	38,071	40,905	−2,834

＊２部・夜間コースなどを含む。
＊原則として、総合型、学校推薦型などは含まない。
出所：大学通信（2021年５月10日現在）

図表3–9　2020年度一般入試志願者連続増と2021年度の比較

2020年まで連続増加年数	大学名または大学数
14年	福岡工業大学
11年	金沢星稜大学
8年	追手門学院大学
8年	東京工芸大学
7年	千葉商科大学
6年	大阪産業大学など3大学
5年	広島経済大学など10大学

→

2020年まで連続増加年数	大学名または大学数
7年	大阪産業大学
6年	広島経済大学

＊増加開始時の志願者数が1000人以上の大学を対象。
＊原則として、総合型、学校推薦型などは含まない。
出所：大学通信（2021年4月8日時点）

第４章　戦略広報編

ここでは中長期的かつ戦略的な視点から広報活動を考えるためのフレームワークについて、実践事例とともにまとめました。

1 プレスリリースは身近なオウンドメディア
―認知獲得とブランド理解　オウンドメディアの統合へ―

大学経営にも「オウンドメディア」という概念が広がりつつあります。数年前までは大学自身が管理運用する各種メディアは個別のものと認識され、ひとつにまとめて呼ぶことはなかったように思います。

これまでも度々引用している全国の国公私立大学の広報担当部署を対象に実施した、2012年の文部科学省「大学等の広報に関するアンケート調査結果」にもオウンドメディアという用語は出現しません。「広報誌の発行」「ホームページ運用」「ソーシャルメディアの活用状況」「プレスリリースの作成・配信件数」など、各メディア別に調査を行っています（図表4―1）。

ちなみに「広報誌の発行」と「ホームページの運用」は、大半の国公私立大学の広報担当部署で行われており主要業務のひとつになっています。「ソーシャルメディアの活用状況」は、国立大学が47・1％、公立大学が27・7％、私立大学が51・5％で「FacebookやTwitterなど何らかのSNSのアカウントを開設している」と回答しており、当時はSNSがそれほど普及していなかったことが分かります。最後に「プレスリリースの作成・配信件数」ですが、これは月平均何件程度か各大学が記入した数字の平均で、国立大学が6・1件、公立大学が1・8件、私立大学が1・9件でした。また大学の種別を問わずに学生数（規模）別でも比較をしており、学生数が多い（規模が大きい）大学ほど件数が多く、1万1人以上の規模では7・3件という結果でした。

個別運用から統合的運用へ

さて、現状と比べていかがでしょうか。「広報紙の発行がマンネリ化している」「SNSは公式アカウントを開設したものの、何気ない大学の日常を日々掲載し〝いい

図表4−1　主なオウンドメディアの運用状況

分類		回答大学数	ホームページの運用		広報誌の発行		
			行っている	行っていない	発行している	以前は発行していた	発行していない
国公私立大学別	国立大学	85校	98.9%	1.2%	97.6%	2.4%	0%
	公立大学	65校	86.2%	13.8%	80.0%	6.2%	13.8%
	私立大学	518校	83.4%	16.6%	81.9%	3.7%	14.5%

分類		回答大学数	ソーシャルメディアの活用状況		プレスリリースの作成・配信件数（月単位の平均）	
			何らかのアカウントを開設	アカウントを開設していない	平均値	中央値
国公私立大学別	国立大学	85校	47.1%	52.9%	6.1件	4件
	公立大学	65校	27.7%	72.3%	1.8件	1件
	私立大学	518校	51.5%	48.5%	1.9件	1件

出所：文部科学省広報室「大学等の広報に関するアンケート調査結果」（2012年10月）

ね〟の数に一喜一憂している」「プレスリリースはイベント情報が中心で教育・研究情報の発信が少ない」など、特に担当者の人数の少ない中小規模の大学は思いあたることがひとつはあるかと思います。各メディアを個別に運営し、日々の更新に追われることから脱却を図る時ではないでしょうか。

今や当たり前となったSNSに加え、5G時代の到来による大容量の動画コンテンツの配信が可能となっていく中、巷にはネットメディアがあふれコミュニケーションの手段は複雑化かつ増加する一方です。オウンドメディアで括られるように、大学は自身の抱える各種メディアを個別運用から統合的な運用へと切り替えることが求められており、今後はこの点においても大学間の差が出てくるでしょう。

オウンドメディアとして各メディアを統合的に運用していくには、「自大学の経営戦略のもと、成果として何を目指すのか」「経営戦略に基づくオウンドメディアの統合的な運用とは」という具合に、結局のところ目的をはっきりさせることに尽きます。第1章で提示した大学広報の第3段階「経営機能としての広報」における統合コミュニケーションのひとつでもあるのです。

プレスリリースもオウンドメディア

オウンドメディアで目指す成果は、新たな認知の獲得と自大学のブランドともいえる特色への理解であり、経営戦略に応じてその比重は異なります。追手門学院大学の場合は前者の比重が高く、そこに経営・人的資源を集中させています。そしてその実現の手段として、プレスリリースを中心としたオウンドメディアの運用とメディアリレーションズを強化しています。「何だ、当たり前じゃないか」と思われた方もいるでしょう。そう、当たり前ですが、中堅私立大学という自大学を取り巻く環境を念頭に、強みと弱みを競合との比較の中で検討し、組織的かつ予算的に最も成果が上がるのではないかという仮説を立てた結果です。

「プレスリリースがオウンドメディアなのか？」と思われた方もいるかもしれません。「狭義のオウンドメディア」はウェブサイトで展開する記事や動画コンテンツを指すことが多いですが、それよりもさらに狭いと思われがちなプレスリリースは大学広報における最も基本的かつ重要なオウンドメディアなのです。

教員と職員に分かれる大学は、複雑で情報の集約が難しい組織です。広報担当部署と企画元の部署でプレスリリースをまとめることは、自大学の公式情報をつくることです。例えばＳＤＧｓの文脈で企画を捉え直し、業界での位置づけなど客観的情報を加味することで、ニュース性を持った内容にすることができます。

保有するメディアリストで発信したプレスリリースは自大学のホームページ、公式ＳＮＳ、学内教職員向けイントラネットへの掲載はもちろん、外部配信会社を活用することでより多くのメディアや記者にアプローチできるほか、配信会社のサイトにも掲載されるため、後日何かの関連でキーワード検索されてもヒットする可能性が高まります。

特に新たな認知獲得の場合は自大学の公式ホームページ以外にどれだけ情報を拡散できるかが重要です。メディアに継続して働きかけるとともに、大手に限らずネットメディアでも記事として掲載されると、公式ＳＮＳで拡散し、学内外の認知を二重で獲得するサイクルづくりにつながります。となると、プレスリリースの量産がカギなのですが、ある程度までは大手有名私立大学に肩を並べることはできても、その先は組織力の差もあって厳しいのが正直なところです。そこで次のもう一手が必要というわけで、第４節で取り上げます。

2 ブランディングかコミュニケーション戦略か

―業界内でのポジション理解　自校の使命に沿った広報を―

筆者自身も含め、大学広報担当者なら誰もが思い悩むであろう、大学のブランディングとコミュニケーション戦略について考えます。このテーマは様々な媒体で取り扱われ、成功を収めたと評価される大学は講演をしたり、取材を受けたりして巷には様々な実践事例が溢れています。図表4―2にもありますが、ブランディングの取り組みであるブランド戦略は、多くの国立大学や私立大学の広報担当部署で取り組まれています。特に規模が大きくなるほどその傾向が強くなるのが分かります。

大学ブランディングの実態

　大学業界のブランディングで注目されたのは2004年にスタートした明治学院大学であり、関西では2011年にスタートした龍谷大学、2016年スター

図表4―2　広報担当部署で行っている広報業務の一部

分類		回答大学数	ブランド戦略	報道対応	組織内広報
国公私立大学別	国立大学	85校	71.8%	97.6%	91.8%
	公立大学	65校	24.6%	81.5%	60.0%
	私立大学	518校	45.9%	73.6%	71.2%
学生数別	1,000人以下	413校	26.9%	58.6%	56.2%
	1,001人～3,000人	221校	38.5%	77.4%	72.4%
	3,001人～5,000人	80校	56.3%	87.5%	86.3%
	5,001人～1万人	92校	78.3%	92.4%	87.0%
	1万1人以上	64校	78.1%	95.3%	87.5%

＊学生数別の対象校には国公私立大学のほか、公立短期大学および私立短期大学を含む。
＊学生数別の内、1万1人以上の対象校は大学のみ。
出所：文部科学省広報室「大学等の広報に関するアンケート調査結果」2012年10月

トの神戸女学院大学は記憶に新しいところです。一方、コミュニケーション戦略の代表は近畿大学であり、追手門学院大学もこの部類に入ります。さらに2016年度には、特色ある研究を基軸に全学的な独自色を打ち出そうとする私立大学を支援する「私立大学研究ブランディング事業」が文部科学省によって始められ、もはやブランディングは広報的な意味合いだけではなく、大学の特色化の取り組みの意味としても使われています。

両者の違いは、筆者なりに定義すると、ブランディングは「あるべき（もしくは、ありたい）イメージを予め設定し、そのイメージに近づけていくための広報を含めた取り組み」、コミュニケーション戦略は「社会的評価を上げる（社会的に注目される）ためにメディア露出を増やす戦略的な取り組み」であると考えます。前者が「先にイメージの枠をつくる」のに対して、後者は「目指したいイメージはあるものの、それは取り組みの結果として形成される」という違いもあります。しかし、そもそもブランディングとコミュニケーション戦略がカバーしている範囲は異なります。前者が大学の在り方を含めた全学的なものであるのに対して、後者は広報活動中心です。ブランディングとコミュニケーション戦略は対立するものではなく、むしろブランディングの中にコミュニケーション戦略が含まれるといえるかもしれません。

外部の評価が前提となる経営戦略

第1章で提示した大学広報の発展段階で考えるとブランディングもコミュニケーション戦略も第2段階からとられる取り組みです。筆者はブランディングとコミュニケーション戦略は、大学の経営戦略（一般的には規模の拡大）という枠組みで考えると、その時々の業界ポジションに応じて選択する施策ではないかと考えています。

ビジネス誌『週刊ダイヤモンド』２０１９年9月7日号において、追手門学院大学の特集が組まれました。この時筆者は記者に対して仮説として中堅私立大学の広報活動に関するフレームワークを提示しました。これは大学のブランド力を偏差値に置き換えて考えたものです。その基となる概念をまとめたのが図表4－3です。筆者は偏差値至上主義ではありませんが、既存の大学業界（特に私立大学）にあって「社会的な」大学評価のポイントが偏差値であったり、就職実績であったりする以上、経営の視点からは避けて通ることはできません。

偏差値50のラインを重視するのは、受験生の学力が正規分布すると仮定した場合、その前後にボリュームゾーンが存在するからです。第1章でも紹介しましたが、全国の私立大学の総志願者数の43％は、大規模・有名・ブランドという枕詞のつくわずか4％の大学で占められています。そしてそれらの大学の大半が偏差値50以上です。この50のラインに並ばなければそもそも「社会的に」認知してもらえないと業務を通じて感じています。

図表4–3　私立大学の広報活動に関するフレームワーク概念図

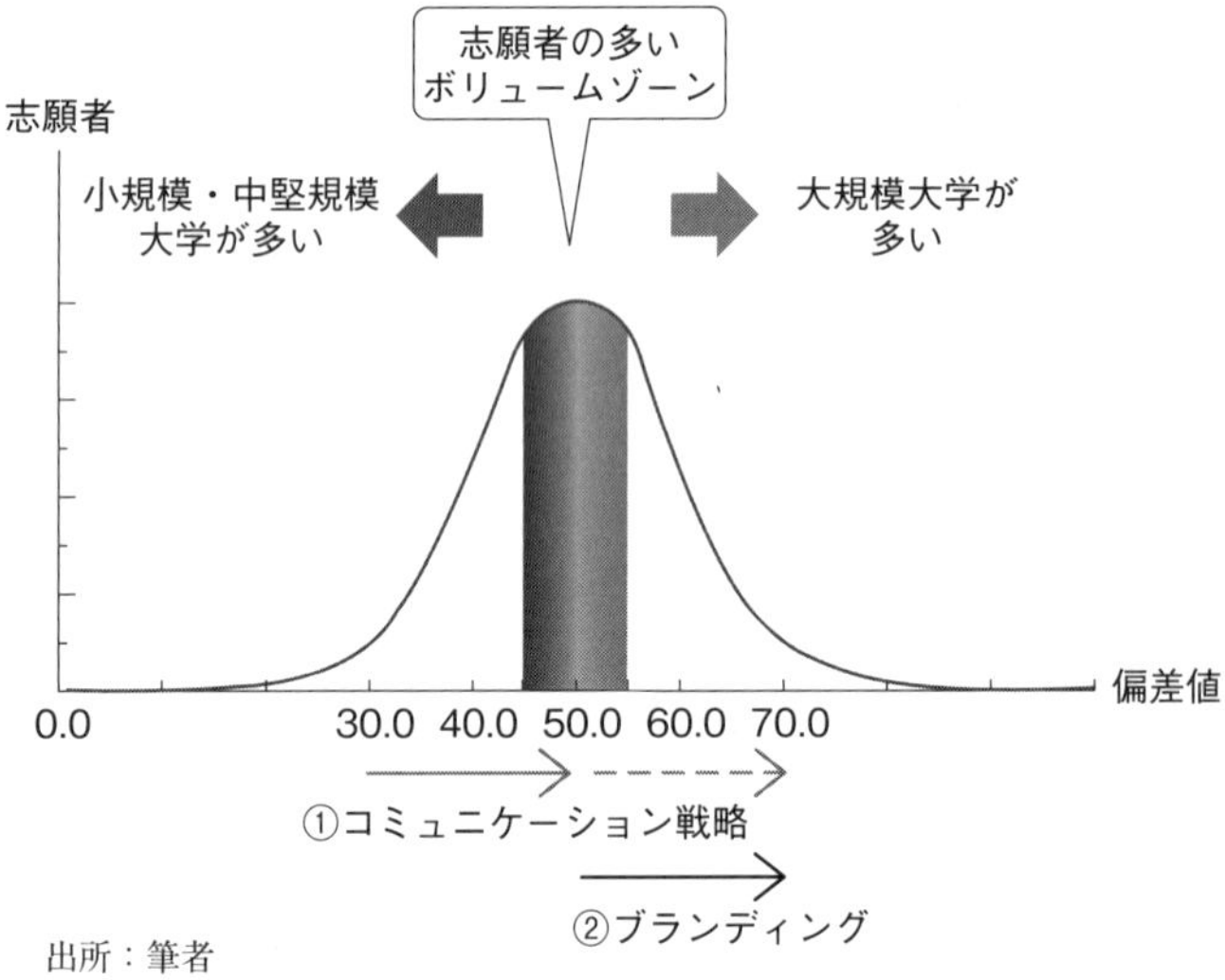

出所：筆者

とすれば、50のラインに満たない大学は、偏差値と関係の深い志願者増へとつながる取り組みと連携してまずはコミュニケーション戦略に注力すべきだという考えです。筆者の実感としてここで実績が出て初めて「社会的に」認知が向上するわけですが、さらなる高みを目指そうとすると、これまた「社会的に」大学の評価指標のひとつとされる大学通信社が発表する有名企業400社の実就職率を避けて通ることはできません。異論はあるでしょうが、偏差値は入学時の学力を示すもの、有名400社実就職率は大学4年間の教育のひとつの成果を示すものとみなすことができ、ポジションに応じて対応しなければなりません。筆者は効果的なブランディングをするなら、50

のラインかつ有名400社実就職率が10％に達したときだと考えています。

自校に必要なものを整理

以上が、ブランディングとコミュニケーション戦略を筆者なりのフレームワークでまとめたものですが、これはあくまで考える枠組み（フレーム）であって戦略や方策ではありません。それぞれの大学が実際にどのような経営戦略をとるかで大学ごとの違いも出てきますし、そこが競争力の源泉にもなります。さらに前提とする外部環境を、既存の大学業界の構図や社会的評価の指標に求めており、そもそも教育の在り方や学力そのものの定義が変わろうとしている今、まったく別のフレームワークもあり得ます。むしろそれが求められています。

2019年の『週刊ダイヤモンド』誌面掲載後に記者から私立大学関係者の反応を聞く機会がありました。「あのフレームワークは理解できるけど、どうやったら上の段階にいけるんですか」や「今はまだ下のポジションなんですが何から手をつけたらいいですか」など、具体的な対応策に関するアドバイスを求められたそうです。結局は自大学の使命に立ち戻って、前提状況から考えるしかないのですが、安易に「ブランディングだ」とか「広報の強化だ」ではなく、今一度整理して考えることも必要ではないでしょうか。

3 調査で9割超がYouTubeチャンネル開設！
―コロナ禍で利用広がる「広報動画」活用の現状―

コロナ禍で遠隔授業の全面導入を余儀なくされた大学にとって、動画は効果的なコミュニケーション手段として見直されました。動画は学生募集を目的とした入試広報、またそれ以外の大学広報、それぞれで活用されています。ウィズコロナの今、もはや大学の広報活動において動画を導入していない大学はないのではないでしょうか。従来の対外的な情報発信手段としてだけでなく、新入生や在学生へのメッセージ、科目履修や各種オリエンテーションの説明などにも動画が活用されています。一方で実際にどの程度動画が活用されているか、その全容は知られていないように思います。

そこで本節は先行研究からの示唆をベースに追手門学院大学の事例も絡めながら、広報活動としての動画の活用（広報動画）を考えます。広報動画を考えるにあたっていくつか視点があると思います。「全国の大学でどの程度導入されているのか」「どのような動画が人気（再生回数が多い）なのか」「どのような内容を動画にしているのか」「広報動画の成果指標」などです。

コロナ禍で進む動画活用

静岡大学の研究グループは入試広報の視点から、全国の国公立大学における動画活用の実態と比較しつつ自大学の広報動画について分析をしています。兵庫県立大学の井関崇博准教授は、全国立大学86校、全公立大学93校、私立大学６１３校のうち、おおむね入試偏差値50以上の上位99校の総計２７８校を対象に、YouTube上に大学を代表する公式チャンネルを開設して２０２０年８月15～16日までに公開された今も稼働中の動画を調査しています。その分析結果は、２０２０年10月に開催された日本広報学会第26回研究発表大会で発表されました。

まず「全国の大学でどの程度導入されているか」です。井関准教授によると、２００６年からYouTubeチャンネルの開設が始まり、２０１０年の時点では全体の13％にあたる大学が開設していました。２０１１年から急増し２０１４年には58％と半数を超え、２０２０年８月の時点では90％の大学に普及したということです。２０１６年以降新規開設数が減少していたところ、２０２０年は前年より倍増しており、これは新型コロナウイルスの影響が考えられるということです。

次に登録・公開している動画の数（図表４―４、４―５）です。２５０本を基準にそれを超える大学が21校あるのに対して20本にも満たない大学が81校あるということでした。また年間の制作本数でみても30本以上の動画をつくっている大学が21校であるのに対して、５本に満たない大学が98校あり、「積極的に動画を活用している大学は調査対象の1割程度」と分析しています。

筆者が興味深かったのは、「1割程度」のトップ10に入る大学が国立大学と学生数2万人を超える私立大学で占められた点です。公立大学トップは35位の大阪市立大学ということで、公立大学での動画活用はそれほど進んでないようです。すでに触れてきたように国立と大規模私立大学は「大学広報」担当部署の専門分化が進んでいるのに対し、公立大学が以前より進んだといってもまだ両者には及んでいないことが関係しているように思います。

図表4–4　大学YouTubeチャンネル掲載の動画数

順位	大学名	動画数（本）
1	京都教育大学	2359
2	慶應義塾大学	1163
3	九州大学	1047
4	日本大学	815
5	近畿大学	686
6	中央大学	664
7	宮崎大学	603
8	東北大学	585
9	龍谷大学	577
10	静岡大学	501
参考	追手門学院大学	438

※追手門学院大学の数値は筆者が加筆。
※京都教育大学の動画数には教材動画が含まれる。
※京都大学は公式チャンネル「Kyoto University」を対象。
出所：井関（2020）日本広報学会大26回研究発表全国大会発表資料

「どのような動画が人気（再生回数が多い）なのか」については、1000万を超える再生回数からは30秒程度のコマーシャル動画が多いそうですが、再生回数に比べて各大学のチャンネル登録者数が極端に少ないことを考えると、テレビやSNSの広告枠を購入して発信・拡散している可能性が考えられます。そうした中、卒業式での著名人によるスピーチを動画コンテンツとして配信し、1000万超の再生回数のものもある近畿大学は、著名人の認知度や内容のおもしろさ、それにSNSでもあるYouTubeの特性を活かした好事例です。

図表4−5　大学YouTubeチャンネル内動画総視聴回数

順位	大学名	総視聴回数（回）	動画数（本）
1	立命館大学	4100万3047	463
2	近畿大学	2069万9256	686
3	慶應義塾大学	1201万4338	1163
4	群馬大学	912万5590	193
5	成城大学	581万9154	86
6	日本大学	500万8278	815
7	明治学院大学	431万0304	217
8	立教大学	413万8241	50
9	京都女子大学	252万9504	73
10	中央大学	252万2740	664
参考	追手門学院大学	約82万0000	438

※追手門学院大学の数値は筆者が加筆。
※京都教育大学の動画数には教材動画が含まれる。
※京都大学は公式チャンネル「Kyoto University」を対象。
出所：井関（2020）日本広報学会第26回研究発表全国大会発表資料

乱発せず目的と内容を吟味しよう！

また「どのような内容を動画にしているのか」については、認知の獲得を目的とし、大学から対象に発信するタイプ、相互理解の促進を目的とし、検索サイトを通じてアプローチしてくる対象を想定して大学も発信するタイプ、関心をもって大学にアクセスしてきた対象に説明としてのコンテンツを提供するタイプの目的別に3つに分かれ、井関准教授はさらに内容ごとに、学生紹介、広告、授業・模擬講義、入試、教材など13タイプに分けています（図表4―6）。

広報動画と一口にいってても目的も内容も様々です。特に「動画をつくって公開すれば誰かは見るので、広報になっている」という考えで対象や発信方法を考えずに動画を量産し、数百しか再生回数がないような例も多く見られます。広報動画の成果を何に求めるかは筆者も悩む課題ですが、こうした目的と内容で整理して考えることも有効だと思います。

最後に追手門学院大学の状況です。他の中堅私立大学と同様に井関准教授の調査対象外ですが、2013年に公式YouTubeチャンネルを開設しました。これまでに400本を超える動画を公開し、総再生回数は約82万です。本学は全学体制による広報活動を掲げており、動画についても各部署で制作できる体制を構築しています。開設当初から2014年までは広報課による外注制作が中心で本数も少なかったのですが、専門スタッフの採用により内製化を進めました。その実績をもとに制作工程をフォーマット化して学内で共有し、各部署での制作を可能

図表4−6　動画広報の目的と動画のタイプ

動画広報の目的（期待する機能）

- 認知・関心喚起
- 理解促進・レピュテーション向上
- コンテンツ提供

×

動画のタイプ

- 広告
- 大学・教育内容・研究室紹介
- 学生・卒業生紹介
- 授業・模擬講義
- 講演・シンポジウム
- オープンキャンパス動画
- ニュース
- バラエティ系
- 教養番組
- 入試
- あいさつ
- 活動紹介
- 教員用教材

出所：井関（2020）日本広報学会第26回研究発表全国大会発表資料を基に筆者作成

図表4−7　追手門学院が制作・You Tubeチャンネルに公開している年度別動画数

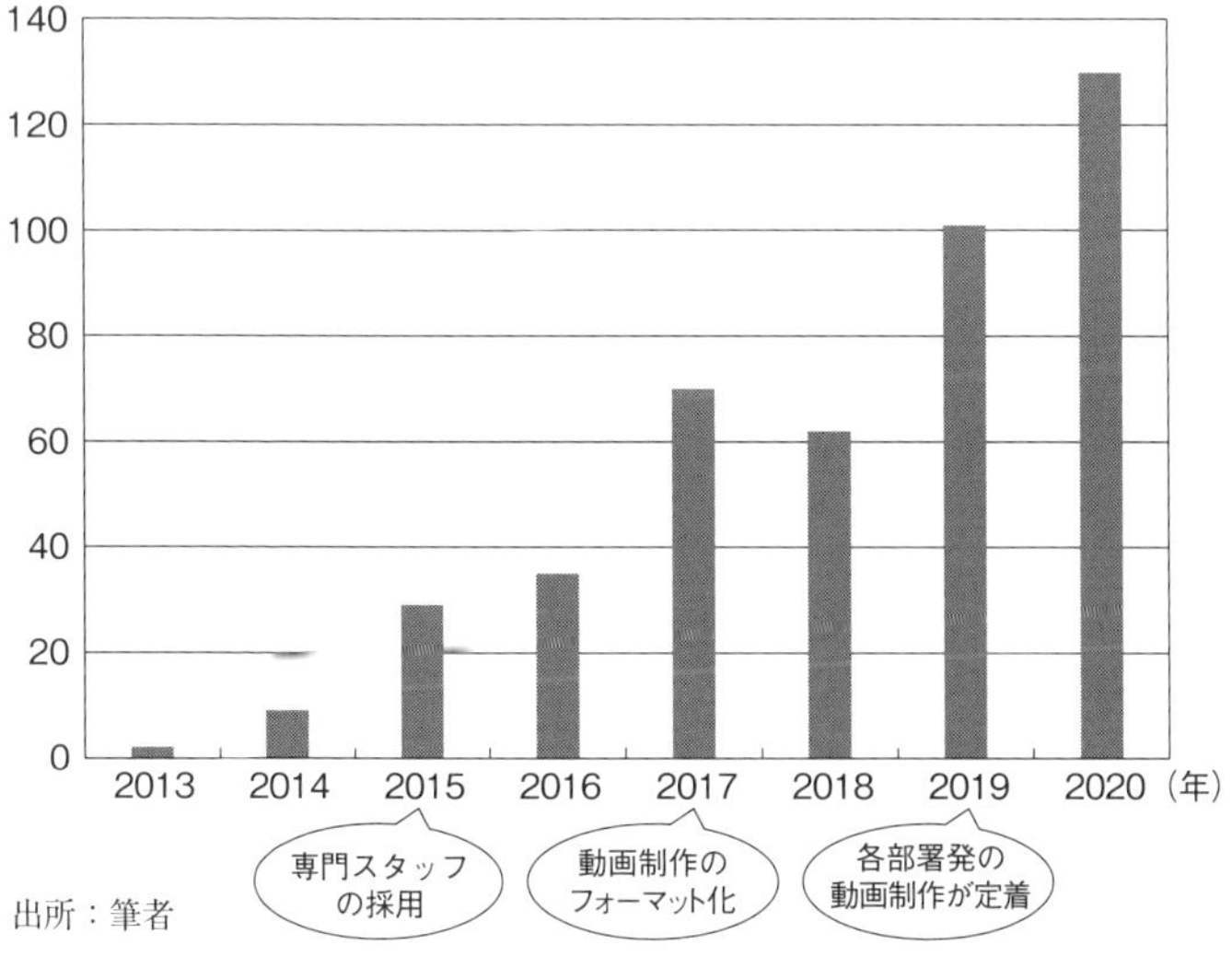

出所：筆者

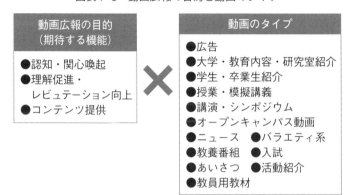

にしたことで本数も種類も大幅に増やせました（図表4－7）。

これにより「動画広報の全学体制の構築」という目標は達成できましたが、その先にある認知や理解促進をより得ていくための方策についてはまだこれからです。ニュース的な広報動画とSNS広告を連動させ、1本あたり20～30万視聴回数を獲得する試みもしましたが、戦略的な見直しが必要だと感じています。単純に再生回数だけを目指すなら広告との連動や自治体でよくみられるインパクトのあるコンテンツという手もありますが、はたして皆さんの大学ではいかがでしょうか。

4 大学の「オウンドメディア」活用
―ニュース×検索×教育・研究 文系が挑む新たな発信の形―

2020年10月23日に劇場公開された映画『朝が来る』。10月31日には河瀬直美監督が来阪し舞台挨拶が行われました。この場には追手門学院大学の教職員3人がいました。舞台挨拶の後には河瀬監督と懇談する機会も設けられ、映画のテーマでもある「特別養子縁組制度を通じた家族のかたち」について直接、感想を伝えました。

プッシュ型からプル型へ

冒頭から映画の舞台挨拶の話で始まりましたが、本節は第1節で取り上げたオウンドメディアの続編です。前は大学におけるオウンドメディアを概括しました。実践例のひとつとしてプレスリリースをSNSと連携させて露出を拡大させることの重要性を紹介し、最後に「次の手を企画中」と結びました。この「次の手」が一般的な（狭義の）オウンドメディアに位置づけられる自社ニュースサイト、追手門学院の場合は2020年6月に開設した「OTEMON VIEW」です。

もちろんこれまでも本学に限らず大学はどこも公式ホームページにニュースサイトを設けています。そこには大学からのお知らせ情報をはじめ、ニュースやイベント告知などをまとめたページ、教員の研究内容や実績をまとめたページ、学生生活やクラブの取り組みをまとめたページなど、ニュースと取り組みが一緒になって掲載されています。これらはホームページにアクセスした多種多様な人が必要な情報を得るのに不可欠なものですが、あくまでその大学を認知した上でアクセスした人にしか届きません。

「大学本来の強みである教育や研究を、その大学を知らない人に伝えるにはどうすればよいか」「プレスリリースや広告出稿は受け手に対してプッシュ型で発信はするけれど、そもそもその大学に関心のない人はスルーしているのではないか」この2つの命題は常に付きまとっていました。「プッシュではなくプル型の発信はできないか」。そこで考えたのが、時事ニュースを自大学の教育・研究情報で再編集して新たなニュースとして発信する、既存のホームページとは独立させたニュースサイト「ＯＴＥＭＯＮ ＶＩＥＷ」です。東洋大学や近畿大学でも取り組まれていますが、いずれも理系学部があり、追手門学院大学のような文系中心大学では珍しく、そこに独自性を求めました。

ただ発信するだけでは従来の大学広報誌に掲載するような研究紹介記事と変わりませんので、時事ニュースを切り口にキーワード検索を意識した構成とする。自大学が伝えたい教育・研究そのものの発信ではなく、社会的関心事である時事ニュースを教育・研究の観点から読み解く読者視点を重視する。たとえ大学名は知らなくとも、ネット上からのニュースキーワードの検索を通じてＯＴＥＭＯＮ ＶＩＥＷへの誘導を図ろうというものです。これによって新たな認知を獲得するとともに、文系の教育・研究情報の発信を目指しています。想定している読者は高校生などの受験生ではなく、追手門学院を知らない人、18歳以上の一般をイメージした記事にしています。

職員と教員が連携しコンテンツ作成

ＯＴＥＭＯＮ ＶＩＥＷは広報課が編集部となり、追手門学院の教職員の教育・研究活動に関

「OTEMON VIEW」は2020年6月に開設

する知見を活かしてつくるオリジナル記事と、外部のニュースサイトの関連記事の2つで構成しています（その後、オリジナル記事の本数が増えたため関連記事の掲載を停止）。2020年6月に開設し毎月3本のペースでオリジナル記事をアップし、5カ月後のページビュー（PV）は受験生向けに特化した入試特設サイト「入試Navi」とほぼ同じで、少なくともホームページの中では有力コンテンツへと成長してきました。

冒頭で紹介した映画『朝が来る』では「特別養子縁組制度を通じた家族のかたち」が描かれており、親の立場や心情がクローズアップされているように思えました。そこで記事のテーマは特別養子縁組制度にするとして、「子どもの視点から制度やケアのあり方を解説し、新たな知見を提供できれば独自の記事になるのでは」と思い、長年児童福祉の現場に身を置き、今は本学の心理学部教員の益田啓裕講師にインタビューしてできたのが「映画『朝が来る』で注目。児童福祉の現場から、子ども視点で考える特別養子縁組制度」の記事です。

この記事を映画公開日前に配信しSNSでも拡散をしたところ、河瀬監督の目に留まり、事務所から招待をいただいてお話をする機会へとつながったわけです。河瀬監督が注目したポイントも「子どもの視点というのが良かった」ということでした。大学ならではの情報発信ができたことを確認するとともに、こうした場に私たち広報課員と担当教員が一緒に参加することで、OTEMON VIEWによる広報活動の手ごたえを共有できたことも大きな収穫でした。

メディアからも徐々に注目

一方で少しずつ成長させていくというオウンドメディアの性格上、常に課題意識と改善への焦りを抱えていることも事実です。記事自体はプレスリリースやSNSでも発信・拡散していますが、認知不足は否めません。またそれぞれの記事の検索サイトでの上位表示も当初イメージしていたほどではなく、上位記事の分析をもとに記事の構成やテーマそのものも再検討の余地があります。何より「時事ニュース、検索表示、自大学の教育・研究テーマの３つの整合をいかにとり、読者目線で独自のものをどうつくるか」という「根本的な問い」に毎度頭を悩ませています。

コロナ禍で従来と同じ水準での教育・研究活動に制限が出ています。ＯＴＥＭＯＮ ＶＩＥＷは過去の教育・研究であっても時事ニュースと結びつくことで新しい話題として発信することができます。コロナ禍は予期せぬことではありましたが、結果的に新たな教育・研究の発信手法を開拓できました。ＯＴＥＭＯＮ ＶＩＥＷ経由でのメディアからの取材も入るようになってきました。面識のなかった東京の大手雑誌社や通信社から直接電話があり「自分たちはニュースのたびにコメントを求めて大学に取材するが、大学自らそれを始めるとは面白い」との感想でした。在学生からも「先生の研究に関心をもつきっかけになった」との声が寄せられました。手ごたえを感じつつも引き続き「根本的な問い」に向き合いながら試行錯誤を重ねていきます。

5 まずはメディア露出から
―新任大学広報担当者　最初のステップとは？―

『月刊広報会議』読者の大学職員や「広報について意見交換をしたい」と来訪いただいた他大学職員、筆者の講演後に質問の手が挙がる参加者からよく尋ねられる内容のひとつが、「何から始めれば良いのでしょうか？」といった相談です。もちろんここでいう広報とは、学生募集以外の「大学広報」のことです。大半の場合が追手門学院大学のような中小規模の大学で広報担当者がごく少数という大学の方からです。筆者もかつてひとり担当者だった時代もあります。これは「新任大学広報担当者あるある」なのかもしれませんが、筆者自身はそうしたことを考えたことがなかっただけにハッとさせられました。

「何から始めれば良いのか」に答えるには、自大学のミッション・ビジョン、中長期計画における広報の位置づけの確認とそれらに基づく現状分析が必要です。現状分析に必要な考え方やポイントは、データも参照しながらこれまでも取り上げてきました。しかし、「そうは言っても結局何をすれば良いですか」という声も依然としてある（あくまで筆者の感覚）ことから、「初めて大学広報担当になったものの大学としての方針もなく、何から始めれば良いのか分からない時にどうするか」というテーマで筆者なりにまとめます。

個人の努力次第なメディア露出

先に結論からいうと、メディア露出を増やすことに注力することを提案します（図表4―8）。第1章ではメディア露出に結びつく「報道対応」の重要かつ必要性とそれに取り組む全国の大学数を集計した統計データを示し、学生数1000人以下の大学を除いて大半の大学が対応済みであり、広報担当部署の基幹業務であることを説明しました。ただこのデータは報道対応に「取り組んでいるか否か」を尋ねただけであり、個々の大学が「どの程度取り組んでいるか」までは分かりません。筆者が、当然といえば当然の「メディア露出を増やすこと」を提案するのは「広報担当者の努力と工夫次第で（ある程度までは）成果を上げられる。競合大学と差がつく」からです。

効果測定の指標設定から

「何から始めれば良いのか？」という状況は、大学として広報活動の目的や成果指標が決まっていないことが考えられます。広報・PR論の研究における広報活動の成果指標には「準備（プロセス）評価」「実施（アウトプット）評価」「効果（アウトカム）評価」の3つの概念に基づく指標設定があります。

「準備評価」は広報活動の内容が大学の方針と適合しているか、「実施評価」は広報活動の実施により何を生み出したか、「効果評価」は広報活動により対象としたステークホルダーの態度や行動に変容を起こせたか、に基づく評価です。「効果」が最も上位で次に「実施」、続いて「準備」の概念となり、それぞれが関連しています。

このうち「準備評価」と「効果評価」は、自大学の経営戦略を具体化した中長期計画における広報活動の位置づけが前提となります。全学的な議論と意思決定を経てはじめて、この2つの評価に基づく成果指標を設定することができます。「何から始めれば良いのか？」という状況の根本はこの辺りがはっきりしていない、もしくは認識していないことに起因しており点検が必要です。一方、「実施評価」に基づく成果指標は広報担当者の裁量の範囲で設定が可能です。先に述べた「メディア露出を増やすこと」はまさにこれにあたります。

メディア露出は、その大学の取り組みに社会的意義があると外部の報道機関が判断して取材した結果です。大学外に対して認知と評価を獲得するのはもちろん、大学内の教職員が自大学の良さを知り、自信を持ち、さらにその取材の橋渡しをした広報担当者の存在意義を認めてくれます。たとえ「効果評価」に基づく指標の設定ができていなくても、実現性と大学内への影響を考えれば優先すべきです。また、メディア露出へとつなげる一連の取り組みは数値化可能な上、競合大学との比較もでき広報活動を見える化できます。プレスリリースの本数は各大学のホームページを見れば確認できますし、どの程度記事になった（露出した）のかは外部のクリッピングサービスを用いれば、紙面もネットも把握できます。

しかし、ここでネックになると考えられるのが、「プレスリリースの送付先をどの程度持っているのか」「プレスリリースの元になる情報を集約できているのか」「必要な情報を盛り込んだプレスリリースを書けているのか」という当たり前のことです。このいずれも広報担当者個人の努力で改善が可能です。必要なのはこれらへの課題意識で行動すればその分成果が出ます。例えば「プレスリリースの送付先」はメディアリストをどの程度増やしているかです。これも数値化が可能です。過去に西日本のある私立大学と共同でプレスリリースをした際、先方から送付先だと示されたメディアリストの掲載件数は10件もありませんでした。これを増やすべきと考えるか否かでやることは変わります

担当者の努力と工夫で成果は上がる

これらの課題へのヒントはありがたいことに無料で公開されています。メディア露出ということは、各媒体に各大学の取り組みや研究成果が掲載済みであり誰でも見ることができます。プレスリリースひとつとっても、すぐに他大学のものをネットで確認できます。公開されてい

図表4—8　メディア露出増に向け大学広報担当者がやることリスト

順位	内容	すぐできる度
リサーチ どのような話題がどの程度の扱いでニュースになるのか	新聞・雑誌・TV・ネット記事のチェック・トレンド分析	◎すぐできる
	大学関連のニュースサイト、SNSのチェック・トレンド分析	◎すぐできる
	競合大学のメディア露出・情報発信状況の分析	◎すぐできる
	自大学のメディア露出・情報発信状況の把握	◎すぐできる
学内インフラ整備 発信のための情報収集	情報収集担当・情報発信窓口の明確化と学内周知の徹底	○継続性が必要
	リサーチ結果に基づく教職員のプロフィールのデータベース化	△調整が必要
	情報収集・情報発信のマニュアル化	○継続性が必要
	取材対応のマニュアル化	◎すぐできる
学外インフラ整備 収集した情報の発信先強化	記者クラブ加盟社の連絡先の確認	◎すぐできる
	大学担当記者、大学のある地域の担当記者の確認	◎すぐできる
	記者クラブ加盟社以外のメディアのリスト化	○継続性が必要
	大学担当以外の記者のリスト化	○継続性が必要
	過去に取材を受けた記者と取材内容のリスト化	◎すぐできる

出所：筆者

る情報を「なぜこうなったのだろう」とプレスリリースまでさかのぼり、記事（特に署名記事）を書いた記者にアプローチすることで成果は上がります。個人の努力と工夫次第というのはこのことで、特別なスキルではなく仕事への姿勢といえるかもしれません。

でもやっぱり「何から……」という人がいれば筆者まで一報ください。一緒に考えましょう。

6 大学のメディア化にも言及
―セミナー参加者と考える大学広報の今とこれから―

２０２１年４月26日、筆者を含めた大学広報経験者５人による広報初任者向けオンラインセミナーを開催しました。大学や高校など学校の広報活動に関わる人や関心のある人たちでつくる自主的な勉強会グループ「学校広報ソーシャルメディア活用勉強会（通称：ＧＫＢ48）」が、創立からちょうど10年の節目を迎えたことを記念して４回シリーズで企画しました。４月はその２回目で「大学広報の基本」がテーマでした。

大学広報初任者向けに講義

ＧＫＢ48を設立したのは当時、大学を含めた学校法人の広報担当で、現在は学校などの広報支援を手掛ける株式会社シンクアップ（神奈川・座間市）を経営する栗原直以氏と山下研一氏の２人です。ＧＫＢ48が設立された当初、筆者は広報とは別の部署におり、大学院で個人的に研究をしている時でした。ちょうど大阪で勉強会が開催されるという案内をいただいて参加して以来、関西でイベントがある際はたまに顔を出していました。

ＧＫＢ48はこの10年でFacebookを介してメンバーを増やし、５月９日現在で２１８４人の一大グループへと成長しています。その後起業し活躍の場を広げている２人は、大学職員としても広報としても新しいキャリアの形を示す存在として筆者も注目しています。

さてセミナーですが、オンライン開催という参加のしやすさと２０００人を超えるネットワーク力のおかげもあり、事前申し込みは２００人に達しました。筆者ら５人の発表者の持ち時間はそれぞれ20分。大学広報に関する概論から各論・実践事例へと流れる形で内容を分担しました。

筆者は「もし、未経験で大学広報担当になったら何からはじめるか」というタイトルで、前節の「新任大学広報担当者　最初のステップとは？」をベースに、大学広報の定義に始まり、自大学における経営戦略と連動した目標と成果指標の設定の重要性、そして担当者レベルですぐにできるメディア露出を増やすポイントなどについて説明しました。

目指す「大学のメディア化」

また、新たな話題と今後の展望として、これまでもたびたび取り上げてきたSNSやオウンドメディアの取り組みなどから導いた「大学のメディア化」のフレームワークを提示しました。

詳細はまた改めてまとめたいと思いますが、教育・研究機関である大学は研究者と最先端の知見を抱えており、それらをSNSとオウンドメディアを活用してマスメディアやネットメディアと「つなげる」ことで、大学自体がメディア化（メディア機能が拡大）するというもの（戦略）です。

元となる考えは企業広報の分野にすでにあったもので、このところの研究と実践を通じて筆者なりの大学独自モデルが見えてきたこともあり、参加者の反応が知りたいと思い紹介しました。このフレームのポイントはいかに「つなげる」か、そして「つなげた先のかたち」にあると考えており、そこで重要な役割を果たすのが広報担当者です。特に「つなげる」については、著名なPRパーソンでもあるPRストラテジストの本田哲也氏の近著『ナラティブカンパニー』（東洋経済新報社）で紹介された、「物語的な構造」と定義されるナラティブの考えも紹介しました。しかし筆者もまだ研究中で言葉だけの紹介になったかもしれません。

いずれにしても「大学のメディア化」については発表後の意見交換会で、参加者から関心や共感が寄せられ、「大学のメディア化によって知名度の向上以外にどのような効果があると考えるか」との質問もありました。筆者は「規模の大小にかかわらず、学内教職員の意識を大学の外（社会）に向けることができ、組織の活性化を今以上に促進できる可能性がある」と回答しました。15時に始まったセミナーは希望者による意見交換も含め18時過ぎまで続くという長丁場でしたが、大学の広報活動は規模や大学の経営戦略によってそれぞれ個性的なだけに新任者はもちろんベテランも悩みながら取り組んでいることが改めて認識できました。

中小規模の私立大からの注目度高

セミナーでの意見交換以外でも事前・事後に筆者ら発表者に対してメールで質問が寄せられており、最後に筆者なりの気づきをまとめます。回答対象となる質問は31件で、21大学、2短期大学、2専門学校、3企業から寄せられました。興味深いのは大学の約8割が中小規模の私立大学だったことです。第3章では私立大学における広報専門人材の登用を取り上げ、２０１２年の時点で18・5％に留まり、規模が小さい大学ほど登用が少ないことを指摘しました。あくまで感覚的ではありますが、中小私立大学の状況は当時とそれほど変わっておらず、たとえ担当者がいたとしてもノウハウの継承や蓄積も不十分ではないかと感じました。

「大学のメディア化」のフレームワークについて話す筆者

質問内容は「広報担当者の心構え」に関するものが3件、「広報マインドの醸成や能力開発・人材育成」に関するものが4件、「大学広報の業務内容や特性」に関するものが7件、「効果測定」に関するものが4件、「SNSの運用」に関するものが5件、「今とこれからの広報トレンド」に関するものが4件、「学生募集」に関するものが2件、「広報担当部署のマネジメント」に関するものが2件でした。

質問者には別途、個別に回答しましたが、カテゴリ別にみると「学生募集」以外はこれまでの連載で取り上げてきた内容と重なるものばかりでした。しかし毎月1回の連載はテーマ別であり、その時々に大学の広報活動全般をまとめて学ぶには不十分なのかもしれません。また学びたいとネット検索をしてみても、広報マニュアルや個別の大学の事例に関する本はあるものの、データや研究成果から考え方全般の参考となる教科書的な本は無いように思います。その意味において本書が果たせる役割は大きいのではないかと考えています。

感想はもとより質問・疑問などもありましたら筆者までお寄せください。

第5章　広報トピック編 ―その時、広報はどう動いたか―

２０２０年３月からの新型コロナウイルス感染拡大に伴い、大学は様々な対応を迫られました。それは広報についても同様で状況に応じた判断が求められました。一方で、「大学広報」がＮＨＫでドラマ化され全国的に注目を集めました。

1 授業延期や遠隔授業の導入
―コロナ禍で問われる経営力　求められる大学広報は？―

「今回のコロナ禍で、広報をはじめ大学の経営力の差が見えた気がします」。2020年4月24日に大学特集を取材しているというビジネス誌の記者からの言葉です。

新型コロナウイルス感染拡大防止の観点から、2020年4月7日に追手門学院大学のある大阪府を含む7都府県に緊急事態宣言が出され、4月16日にはその対象が全国へと拡大されました。ここに至るまで各大学はすでに学位授与式や入学式を中止または縮小をしたり、例年は4月上旬から始めていた春学期授業の開始日を遅らせることを発表したりするなど対応に追われていました。

大学ごとに差が出たコロナ対応

いざ4月に入ってみると各大学の対応はまちまちで、追手門学院大学のようにすべての科目をウェブ活用による遠隔授業で実施し、例年どおり4月上旬（本学は9日）から春学期の日程をスタートさせた大学はごく少数に留まりました。図表5―1は、文部科学省が2020年4

図表5―1 授業開始に際しての対応状況（2020年4月10日16時時点）

全国の状況

	授業開始の延期を決定・検討	開始時期は例年通りだが遠隔授業を実施・検討	例年通り授業を実施
国立大学	78校（90.7％）	8校（9.3％）	0校（0％）
公立大学	76校（85.4％）	10校（11.2％）	2校（2.2％）
私立大学	571校（85.2％）	76校（11.3％）	18校（2.7％）
全体	725校	94校	20校

緊急事態宣言（当時）の対象の7都府県
（東京、神奈川、埼玉、千葉、大阪、兵庫、福岡）

	授業開始の延期を決定・検討	開始時期は例年通りだが遠隔授業を実施・検討	例年通り授業を実施
国立大学	20校（87.0％）	3校（13.0％）	0校（0％）
公立大学	12校（85.7％）	2校（14.3％）	0校（0％）
私立大学	306校（90.3％）	33校（9.7％）	0校（0％）
全体	338校	38校	0校

※表中の割合は、回答があった学校数を母数として集計している。
※設置種別の割合は各設置種別の回答数を母数としている。
出所：文部科学省ホームページから大学部分を抜粋

月10日時点でまとめた授業開始の対応状況で、この当時緊急事態宣言が出された7都府県に限ると、「開始時期は例年どおりだが遠隔授業を実施・検討」と回答した大学は38校、率にして10％ほどでした。「実施・検討」で10％ですから、実際に実施できた大学は数％だったとみられます。実際、本学のように4月10日以前に予定どおり授業を遠隔方式で始めることを公表した大学は同規模以上の私立大学ではなかったように思います。

一方、この緊急事態宣言で教職員に対しては7割を目標に在宅勤務が求められました。冒頭の記者の言葉は、遠隔授業に移行して通常どおり春学期をスタートさせ、7割在宅勤務を目指すという2つの課題に取り組む本学について、実際に遠隔授業に参加し、私たちと意見交換をするときに（一連の取材はすべてウェブ会議システム）発せられました。

今回一連の対応ができたのは、その背景に第2章でも紹介した2019年4月開設の新キャンパスを契機として、中長期的に準備をしていた新教育コンセプト「ＷＩＬ」の展開に向けた教育改革とそれを支えるハード整備、働き方改革があったことに他なりません。この点では大学の規模も偏差値による序列も関係ありません。より良い教育を行うための中長期的な経営計画と遂行、その基盤となる組織の構築、ここに経営力の源泉があり、その違いがこの緊急事態に際し、各大学の対応状況の差に表れたのではないか、というのが記者の弁でした。

動画配信で学生の不安を取り除く

こうした中、私たち広報課は大学の状況や方針をその背景（なぜそうしたのかという根拠）とともに発信しています。特に4月は大学に来られない学生に向けて動画メッセージを配信したり、その取り組みをニュースとして発信したりすることで冒頭の記者のようにストーリーとして認識してもらえるよう取り組みました。

２０２０年4月9日の遠隔授業開始にあたって最初に取り組んだこと。それは新入生をはじめとした在学生への説明です。発端はある教員からの提案でした。「他大学の多くが春学期の開始そのものを遅らせる中、学生たちは不安を抱えている。そもそも入学式も中止、オリエンテーションも資料配付だけとなり1年生は大学にまだ一度も来たことがない。もっとメッセージを発信してはどうか」というものでした。これを受けて4月7日に学長と副学長に確認をとり、6学部と教養科目などを担当する基盤教育機構の長（学部長と機構長）に依頼を行いました。

8日に副学長とオリエンテーションを担当する教務部長、9日と10日に6学部長と機構長を撮り終えて即日公式YouTubeチャンネルで公開し、学生向けに配信しました。動画の内容は、①1年生への入学祝いと遠隔授業に関すること　②2年生以上に伝えたいこと　③その他、この時期特に伝えたいことの3点です。これらの動画は公開初日から各学部の学生数を超える再生回数となり、学生の関心の高さが感じられました。他大学でも学長のメッセージ動画は多く見られましたが、すべての学部長のメッセージ動画まで発信している大学は無いように思います。

次に配信したのが実際の遠隔授業を撮影した動画です。在学生に遠隔授業をイメージしてもらおうと4月10日にオンラインによるゼミナールの授業の様子を撮影・即日公開したところ、再生回数はすぐ1000回を超えました。さらに、自粛を余儀なくされたクラブの紹介動画やメッセージ動画を、学生に呼びかけて自撮りで送ってもらい、編集したものを在学生向けに配信しました。こうして教職員と学生の協力を得て、4月からの1カ月間で30本以上の動画を内製化して配信しました。こうした事態になる以前から動画を内製化できる体制を構築していたことが幸いしました。

大学外にも対応力をアピール

ただ、こうした動画配信の取り組みは学生に向けたものであり、大学外の人たちは知り得ません。そこで、第4章でも取り上げたようにプレスリリースと連動させ、動画の制作・配信の背景の説明とセットでニュースとして発信しました。強調したのは、前半部分でも挙げたとおり、動画制作の前提となる「4月9日からの遠隔授業を可能にした、教育改革と経営力向上の取り組み」です。このことが冒頭のビジネス誌や他の大手一般紙からの取材にもつながり、派手なイベントではなく着実な教育と経営の取り組みがニュースになることを示すことができました。新たに話題をつくるのではなく、今ある状況において他が触れていない視点で既存の取り組みを捉え直し、ストーリーとして伝えることの意義を再確認できました。

今回、はからずもコロナ禍によって偏差値やブランドイメージとも異なる経営力という新しい指標が示唆されました。大学広報にとっても認識すべき重要なポイントといえるでしょう。

2　職員も発信する時代に、大学広報がドラマに!?
―SNSの登場で変わる発信　大学職員もメジャー化へ―

2020年11月24日にNHKから、筆者のような大学関係者にとってはそこそこ衝撃的な発表がありました。俳優の松坂桃李さん主演で土曜ドラマ『今ここにある危機とぼくの好感度について』の制作が始まるというものです。公式サイトによると、「名門大学の広報マンに次々と降りかかる不祥事対応の嵐！『カーネーション』の脚本家・渡辺あやが現代社会を斬るブラックコメディー！」とありました。

主人公の設定は、大学に中途採用された広報の担当者で、前職がテレビ局のアナウンサー。「大学」「中途採用」「広報の担当者」「前職がテレビ局」というワードが筆者と重なり（ドラマ開始後、主人公の学部時代の専攻が考古学だったことが明らかにされ、これも筆者と同じ）、感情移入をしてしまいました。ちなみに監修はある大学の広報の専門家が行ったと聞きました。発表を聞き、「大学職員が主人公のドラマができる時代がくるとは。大学職員もメジャーになったものだな」と思いました。もっとも、大学職員の中でも大学にしか存在しない教務や学生支援部署（事件やトラブルの一報はここに入る）ではなく、一般的な企業には必ずある広報担当部署の担当者を主人公にしたあたりは、あまりマニアックにしてしまうと視聴者がついてこられないからでしょうか。

第1章でも考察しましたが、大学において広報は後発部署、さらに広報という名前がついても学生募集に直結する受験生へのアプローチを中心とする「入試広報」が重視される傾向が強いのが現状です。入試広報以外の「大学広報」は大学内では周辺的な存在なのですが、ドラマではそのような面は描かれるのかどうかも気になるところでした。

増える大学職員による発信

以上は、制作発表だけから想像した当時の筆者の感想です。大学職員や大学広報から見た大学がドラマになるような背景はやはり、それだけ大学に関する情報発信が増えていることと関係があるのではないかと推測しました。

いまやソーシャルメディアの普及によって公式・非公式にかかわらず、組織だけでなく職員個人（さらに言えば教員や学生も）が内部情報も含めて発信する時代です。業界のインフルエンサーと呼ばれる職員も出てきています。

制作発表後しばらくしてドラマについてネット検索すると、2020年11月26日に公開された武蔵野美術大学職員の手羽イチロウさんの記事がヒットしました。手羽さんはこの方面の先駆者で、業界の有名人でもあります。また学校広報担当者らでつくるSNSグループでも、発表直後からこのドラマが話題となり、そこに全国紙の記者も加わってコメントをしていました。ソーシャルメディアは、それまで大学担当記者と広報担当者を窓口にした「組織」対「組織」の関係であったメディアと大学との関係に、部署や担当に限らず記者個人と職員個人が容易に直接つながるという関係を加えました。

主に私立大学職員でつくる大学行政管理学会という学会でも、2020年9月6日にオンラインで開催された研究交流会において「大学職員の個人活動が生み出す新しい潮流～SNSインフルエンサー座談会～」というテーマが取り上げられました。

パネリストには、ハンドルネームでTwitterやブログを投稿している「とある大学職員」さん「high190」さん、そして実名で活動している京都芸術大学の木原考晃さんの3人が登壇（画面なので登場）しました。前者の2人については覆面参加という、これまた斬新なセッションとなりました。

3人がSNSをしている理由。それはそれぞれですが、元々自身の研究や業務のために収集した情報を学会発表以外でもアウトプットする場としての活用や、実名で活動している木原さんは、在学生に大学のことを知ってもらうことを第一に、受験者層にも大学のことを知ってもらい志願にもつなげたいという思いから始めたということでした。

実名、匿名の別はありますが、こうした職員個人が情報発信する動きは、今後ますます加速していきそうです。そうなると、情報リテラシーを持ちながらこうした発信ができる職員が大勢いる大学ほど組織が活性化しているであるとか、ユニークな提案が生まれやすいとか、そういった大学の個性につながるような違いも出てくるかもしれません。今後の研究テーマにもなっていきそうだと思いました。

発信者としての意識を持たせる

ひるがえって追手門学院大学はどうでしょうか。筆者自身は『月刊広報会議』での連載をはじめ論文投稿や学会発表、講演など従来型の情報発信に留まっており、ＳＮＳまで手が出ていません。ですがまずはこうした従来型の発信を増やしたいと試みていることがあります。それが「追手門コメントＮＡＶＩ」という主にメディア関係者向けの冊子です。大学教員の研究内容や研究キーワードを簡単なプロフィールとともにニュースカテゴリ別に掲載しています。第4章で紹介したオウンドメディア「ＯＴＥＭＯＮ ＶＩＥＷ」の元資料ともいうべきものです。

この中に学校経営のカテゴリを設け、２０２０年度は20人の管理職以上の職員の担当業務や

「追手門コメントNAVI」2020年度版には、大学職員20人の担当業務や実績などを掲載

実績などを掲載（1）しました。学校経営のマネジメントを担う職員自らも社会に情報発信する人材であることを見える化したものです。提案当初は役員からも反対意見があり、筆者を含めた数人でスタートしました。その後、第３章で取り上げた大学院に大学経営専門のコースを開設したことも追い風となり「プロ意識を持とう」ということで拡大し、今に至っています。大学が公式かつ組織的に職員の実績を「見える化」するのは全国的にも珍しく、職員一人ひとりが情報発信者であると意識することから始めています。

さて、冒頭のドラマは「ブラックコメディー」とのことでした。トラブルに右往左往する、旧態依然とした組織をおもしろおかしく描くだけではなく、少数かもしれませんが各々の大学の使命に向かって前向きに奮闘し発信する職員や組織が全国にあることを、どこかで触れてほしいと願わずにはいられませんでした。

【注】
（1）２０２１年度も同様に発行した。

３ コロナ禍1年のあゆみ
―感染者情報との対峙　大学広報に求められること―

新型コロナウイルス感染拡大は大学業界にも大きな影響を与え、コロナ禍という言葉も定着しました。各大学は「学びを止めるな」を合言葉に遠隔授業へと舵を切り、ウィズコロナ下での大学のありかたを模索し、それは今も続いています。２０２１年１月には三大都市圏に再び緊急事態宣言が出されました(1)。

２０２１年3月は、コロナ禍の兆しが感じられ各大学が卒業式にあたる学位授与式や入学式の中止や縮小を打ち出した時期からちょうど1年にあたります。第1節では、遠隔授業導入の状況やそれに伴う動画を活用した在学生とのコミュニケーションの取り組みを取り上げました。本節はその後の動き、特に新型コロナウイルス感染者情報の取り扱いについて筆者なりに広報的視点から振り返ります。

社会の関心に合わせ露出度UP

２０２０年4月16日に緊急事態宣言が全国に拡大して出された後に文部科学省が4月23日の時点でまとめた調査によると、遠隔授業を中心に例年どおり春学期を開始すると回答した大学は追手門学院大学を含めて86校でした。これに対して延期した大学は６６２校に上りました。延期した大学はその後遠隔授業に向けた準備を進め、緊急事態宣言が解除された後の6月1日の時点では、3大学を除くほぼすべての大学で授業が実施されました。

この間の広報活動のテーマは「コロナ禍での教育・研究活動の継続をいかにサポートするか」というもので、新入生をはじめ在学生向けに各種手続きや遠隔授業の準備や財政支援の連絡、自宅学修を余儀なくされた学生を励ますメッセージなど、学生とのリレーションを図るものが多かったように思います。

一方、メディアを中心に社会一般の関心ごとは、「遠隔授業とはどういうものなのか」「遠隔授業に伴う学費の扱いはどうなるのか」「クラブ活動や公式戦はどうなるのか」などで、これに対して各大学はプレスリリースやホームページを通じて対応策を発信していきました。筆者らも4月にスタートしていた遠隔授業やオンラインクラブ活動、テレワークの状況を「学びのれました。

継続のための取り組み」としてすぐにプレスリリースし、全国紙をはじめ各媒体に取り上げら

その時節に合わせた対応方針を

遠隔授業が定着した6月以降は政府からの新型コロナウイルス感染拡大防止のための行動基準を参考に各大学が独自の基準を定め、感染防止策を講じながら対面授業やクラブなどの課外活動の再開を模索する段階へと入りました。大学内での教育・研究活動を再開すると当然、学内感染のリスクも高まります。広報活動のテーマも「感染者情報の取り扱い」へと移りました。もちろん、これ以前にも学生や教職員の感染は全国的に発生していましたが、筆者の知る限り大半は大学外でのことであり、各大学は改めてこの課題に向き合うことになりました。

追手門学院大学でも対面授業再開前の2020年5月26日に感染拡大防止のための行動基準を定め、対策を講じた上で6月8日から通学を段階的に再開しました。感染者情報の取り扱いについても、自治体や保健所の発表内容と歩調を合わせる形で対応することを決め、現在もその方針で進めています。こうした対応方針は刻一刻と変わる社会動向や地域特性を見極める必要があり、大阪府をはじめ大学業界、企業それぞれの動向を収集しながら判断しました。

2020年6月以前については、他大学で3月末にクラスターが発生する事案もあったこと

から、４月３日に危機管理関係部署の担当者が集まり、クラスターが発生した場合は原則、記者会見を開いて説明する方針を確認していました。これについては他の私立大学からも「記者会見はどのタイミングですべきか考えを聞かせてほしい」と問い合わせを受けました。この時回答したのは「大学のある地域の感染状況を見た上での判断になるが、クラスター発生の場合は原則、会見の準備が必要」と伝えました。

社会動向と地域特性に目を向ける

実際、各地の大学の状況を見聞きすると、「地域に関係なく一概にこれが正しい対応」というのは決められなかったように思います。感染者情報の取り扱いは、対応次第で個人が特定され人権問題へと発展する可能性もあることから地域への影響を考えて公表する大学とそもそも公表しない大学に分かれたほか、公表する内容もそれぞれ異なりました。

追手門学院大学で最初の感染（学生による大学外での感染）を確認したのは２０２０年７月18日で、状況確認の上７月20日にホームページで公表しました。すでに全国的に感染者が出ており、公表方法もホームページ掲載が主流という状況を参考にしました。内容は他人との接触状況や大学への影響の有無、感染拡大防止策などを掲載しました。

９月の秋学期に入り対面授業が大学によって差はあるものの全国的に再開されました（図表

5―2)。感染者情報をその都度発表するのではなく、月ごとにまとめて発表する大学も見られ始めました。そうした中、11月に保健所から「公表方法を集計方式にしてはどうか」という連絡が入り、以降は集計方式に変更して現在に至ります。この流れは他大学も同様のようで、集計方式が主流となって定着しています。

コロナ禍1年を広報

図表5―2　後期の授業の実施方針などに関する調査結果(2020年9月15日)

●2020年度後期における授業の実施方針について

	対面授業	対面・遠隔を併用	その他
国立大学	3校　(3.5%)	83校(96.5%)	0校
公立大学	10校　(9.8%)	91校(89.2%)	1校(1.0%)
私立大学	160校(19.6%)	650校(79.8%)	5校(0.6%)
全体	173校	824校	6校

●対面・遠隔授業の割合について

	ほとんど対面	7割が対面	おおむね半々	3割が対面	ほとんど遠隔
国立大学	6校(7.2%)	6校(7.2%)	22校(26.5%)	43校(51.8%)	6校(7.2%)
公立大学	17校(18.7%)	9校(9.9%)	20校(22.0%)	24校(26.4%)	21校(23.1%)
私立大学	138校(21.2%)	76校(11.7%)	165校(25.4%)	140校(21.5%)	131校(20.2%)
全体	161校	91校	207校	207校	158校

※全国の国立大学86校、公立大学102校、私立大学815校を母数としている。
※公立大学・私立大学には、それぞれ短期大学を含み，通信課程のみを持つ大学を除く。
※その他の内訳は、対面授業を検討するもの5校、全面的に遠隔授業を実施するもの1校。
出所：文部科学省ホームページから大学部分を抜粋

活動の面から振り返ると、感染者情報の取り扱いは日々の業務の一角を常に占め、それは今も続いています。２０２１年はどうなるのか。引き続き社会動向と地域特性に日を向け情報収集を怠らないことがいざという時に活きてくることだけは確信しています。

【注】

（1）大阪府には２０２１年10月までに4回の緊急事態宣言が出された。

4 改革力の高い〝近立関追〟の先へ
―偏差値による大学の序列　多面的な見方を提案―

受験業界における大学の評価が入学難易度（偏差値）で決まることに異論はないと思います。しかし、本来、入学時の受験生の学力を示すひとつの指標に過ぎなかった偏差値によって大学が序列化され、その序列が大学そのものの社会的評価さえ左右してしまう実情は、大学業界に身を置く者として常につきまとう違和感でもあります。

偏差値に左右される大学の実状

私立大学では関東の「早慶上智」「ＭＡＲＣＨ」「日東駒専」「大東亜帝国」。関西では「関関同立」「産近甲龍」、追手門学院大学が入れられる「摂神追桃」に「外外経工佛」……。似たような規模や偏差値帯によって様々な大学グループがつくられ、それがピラミッドのように上から下にランク付けされる私立大学。受験シーズンは特に、そうでない時でさえも「どのグループにどの大学を入れるべきだ」「各グループ内の大学の序列はどうだ」など、Yahoo! 知恵袋をはじめ、ネット上では白熱した議論（?）が繰り広げられています。

筆者らはＳＮＳ上の自大学に関する書き込みを、分析ツールを用いてモニタリングしていますが、どういったキーワードが多いか（シェアオブボイス）を年間でみると、大半が「同じ大学グループ内での序列がどうだ」「グループ外の特定の大学との序列がどうだ」など、序列や比較のキーワードで溢れ、その根拠の基本はやはり偏差値です。

そもそもなぜこういったことになるでしょうか。大学に進学する意味を説明する際に一般的に引用されるのが「人的資本論」と「シグナリング理論」の考えです。前者はそもそも大学に進学する（高卒より大卒という学歴）意味を、後者はどの大学に進学するかの（学校歴）意味を説明していると筆者は捉えています。「人的資本論」の考えは、高卒者よりも大卒者の生涯賃金が高いことに着目し、学費の負担や大学へ行かずに働いた場合に得られる所得を失っても、大学教育が能力を向上させ将来の所得を増やすからだとし、大学に進学する意味を説明します。

一方「シグナリング理論」の考えは、学歴や学校歴が外からは確認できない個人の能力を客観的に表す証明書のようなシグナルとして機能しているとし、高卒よりも大卒、低偏差値よりも高偏差値の学校を目指す意味を説明します。筆者の捉え方は２つの考えのどちらが正しいかというものではなく、特に大学広報においては両方の視点が必要であるという考えです。第４章で説明した業界ポジションに応じたコミュニケーション戦略とブランディングのフレームワークも理論的にはその考えに基づいています。

大学教育そのものではなく入学前の一時点の偏差値に基づく大学の序列やグループ化の議論が白熱するのは、「シグナリング理論」でいうと、それらが（ごく一部に過ぎないにもかかわらず）個人の能力が高いか低いかを示す代理指標になっているからと考えられます。

組織論の研究者で、筆者も大学院時代に指導を受けた太田肇同志社大学教授は、さらに承認欲求の考えを加え、周りから「あの人は頭がいい（能力が高い）」と認めてもらうために厳しい受験戦争を繰り広げていると指摘しています。

個性を反映する大学グループの提案

こう考えると偏差値による大学の評価は、受験生個人の客観的評価の指標として機能しているだけに、大学だけでその壁を越えるには相当の努力が必要です。巷には様々な大学ランキングがあふれています。ニュースでよく取り上げられる入試志願者数、就職率、就職先等、多くのランキングは偏差値の高い大規模大学で占められます。これらも結局は偏差値をベースにしたグループでの比較の考えが根底にあり、各大学の持つ個性を反映したものではありません。これに一石を投じたのが2017年に近畿大学が出した「早慶近」の広告です。既存の国内ランキングではない、イギリスのTHE（タイムズ・ハイヤー・エデュケーション）が「研究」「教育」「社会貢献」の指標で世界の大学を順位づけした当時のランキング表に基づく新しい大学グループの提案を、近畿大学自ら示しました。

筆者はこの「大学自らがグループを提案した」ところに意義があったと考えます。従来のグループは受験業界がつくったものですが、大学側も志願者集めの観点から併願パターンの参考に用い、お互い持ちつ持たれつの関係にあります。そうした中で大学の本質的な機能に基づいたランキングによる新しい大学グループの提案は、偏差値以外に目を向けるきっかけになりました。

大学の独自性をどう発信するか

この視点で考えると追手門学院大学はどうでしょう。追手門学院大学は入試改革をはじめ、コロナ下以前より進めていたＩＣＴを活用した教学（教育）改革とそれを加速させる新キャンパス開設など、従来の大学の枠に捉われない改革をする大学を標榜し、その姿を発信しています。教育情報会社の大学通信が毎年発表する大学ランキングのひとつに「高校進路指導者が選ぶ改革力が高い大学ランキング」があります。この２０２０年版の全国順位は23位です。関西の私立大学に限

図表5–3　改革力が高い大学ランキング2020

順位	大学名	所在地
1(1)	近畿大	大阪
2	東北大	宮城
3	早稲田大	東京
4(2)	立命館大	京都
5	東洋大	東京
6	東京大	東京
7	京都大	京都
8	明治大	東京
9	筑波大	茨城
10	立教大	東京
11(3)	関西学院大	兵庫
12	法政大	東京
13	名古屋大	愛知
14	青山学院大	東京
15	大阪大	大阪
16	九州大	福岡
17	佐賀大	佐賀
18	東京工業大	東京
19	金沢大	石川
20	千葉大	千葉
21	東京理科大	東京
22	慶應義塾大	東京
23(4)	追手門学院大	大阪
24	上智大	東京
25	岐阜大	岐阜
25	広島大	広島
25	千葉工業大	千葉
28	新潟大	新潟
28	九州産業大	福岡
30	金沢工業大	石川

＊（　）内の順位は、関西の私立大学に限定した際のランキング。
出所：大学通信「改革力が高い大学ランキング2020（全国編）」

定すると、近畿大学、立命館大学、関西学院大学に次ぐ4位です（図表5−3）。3位と4位、4位と5位の間にだいぶ開きはありますが、今なら改革に取り組む関西4私大「近立関追」がつくれます。

「改革力が高いから何だ?」ということ意見もあるでしょう。改革は偏差値とは関係のない大学の姿勢であり、それは継続力と改革の中身の見える化があってはじめて共感が得られると考えています。ホームページで教学改革の内容を解説したり、2021年度入試までの入試総志願者数9年連続増という実績を示したりしていますが、十分だとは考えていません。継続と実績の積み重ねの先に「近立関追」ではなく、「追手門学院大学らしさ」としての独自ブランドの構築を目指し、挑戦は続きます。

【参考文献】

荒井一博（2007）『学歴社会の法則〜教育を経済学から見直す〜』光文社
浦坂純子（2009）『なぜ「大学は出ておきなさい」と言われるのか―キャリアにつながる学び方』筑摩書房
太田肇（2009）『認められる力』朝日新聞出版

5 大学広報マンが主人公のＮＨＫドラマから
―他人事ではない「今ここにある危機」―

２０２１年４月24日から５月29日にかけて５回連続で放送された、大学の広報マンが主人公のＮＨＫドラマ『今ここにある危機とぼくの好感度について』。

本書の読者の多くはご覧になったのではないでしょうか。

大学広報への関心の高さ

第２節ではこのドラマを取り上げ、大学職員の情報発信の話題へと展開したわけですが、主人公の神崎真の経歴が筆者と重なる部分が多かったことから個人的にも興味を持っていました。初回放送開始前の４月２日に、追手門学院大学のオウンドメディア「ＯＴＥＭＯＮ ＶＩＥＷ」で

朝日新聞からの取材を受け説明する筆者（左）
2021年５月14日、追手門学院大学にて

も、大学広報の世界を知ってもらおうと、その定義や仕事内容それに採用などに関するまとめ記事「『ほぼ神崎真』がみた『大学広報』とは」を掲載したのですが、開設して1年たたないサイトの割には月間5000人の閲覧（1記事1ページのためPVとUUがほぼ同じ）があり、関心の高さを実感しました。

放送が始まると朝日新聞の記者から「ドラマをどのように見ているのか話を聞かせてほしい」と取材依頼があり、「現場というよりは広報を研究する側の視点も良いですか」ということで説明した内容の一部が、6月3日付朝日新聞 with news サイトに掲載(1)されました。記事のとおり最終的に現場よりの話が中心になったのですが、せっかくなのでこの時、研究視点で考察した内容をまとめ大学広報担当者へのメッセージとします。

ドラマを広報研究の視点で分析

前提として、ドラマ自体は大学の広報に特化したものではなく「大学から世間の縮図を描いたブラックコメディー」です。すでに多くの方が、ドラマが風刺する現代社会の闇や大学を取り巻く様々な課題について紹介しており、筆者はあえて広報に寄せて考えてみました。

まずドラマ全体を通してのまとめです。広報の専門性や位置づけに対する社会的認知が十分とはいえない現状（広報＝広告で情報発信のみ）で、旧態依然とした組織（ドラマでは国立大学）と第3話29分30秒頃の水田理事の「世間は思ってくれない」に象徴される複雑な現代社会との間で板挟みになるという広報担当部署の苦悩を上手く描写していました。これは別に国立大学に限ったものではなく、多くの広報担当者が経験するいわば構造的な問題です。

広報活動・業務への理解不足は、体系化された広報教育の場が不十分であることに一因があると考えられ、学界でも以前から話題に上がります。しかも新卒一括採用、ジョブローテーションによるゼネラリスト人材の育成傾向が依然として強いわが国では、専門性の高い広報人材の登用の場は限られており、二重の悩みを抱えているといえるでしょう。くしくも２０２１年10月に開催された日本広報学会の第27回研究発表全国大会の統一論題も「広報教育の発展とデジタル・トランスフォーメーション」で、筆者も含め広報研究者にとっても重要な研究テーマの一つです。本ドラマはこうした広報を取り巻く

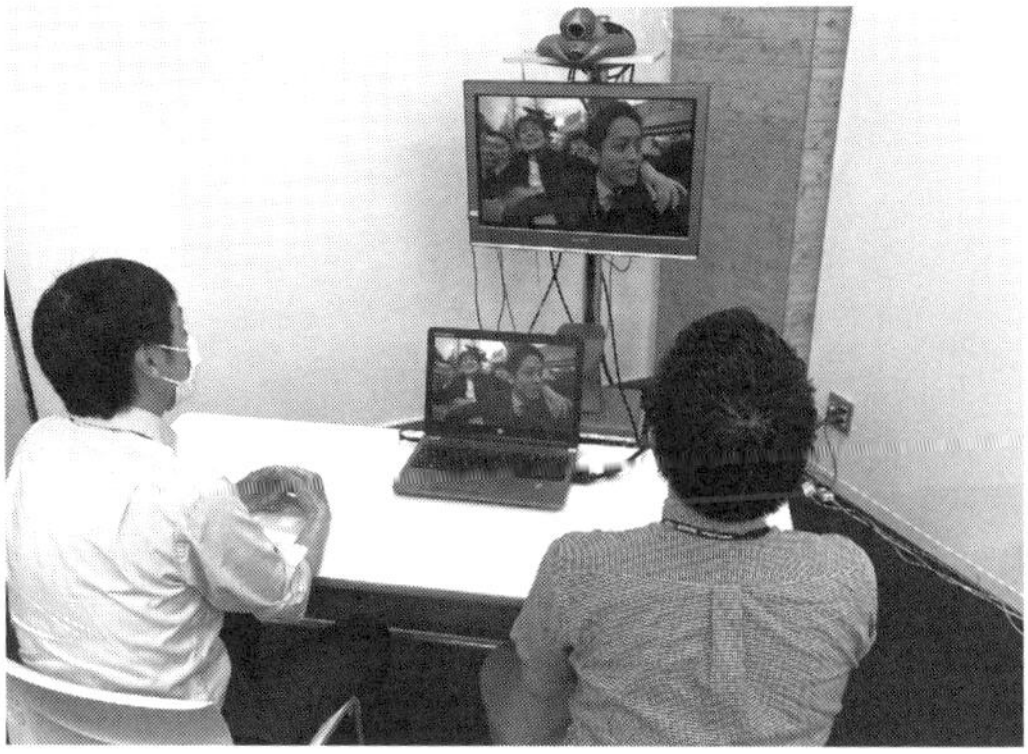

大学広報の教材としてドラマを視聴する筆者（左）

構造的な課題を背景に、登場人物のセリフを見ていくと「なるほど」と思うシーンがいくつかありました。

広報を象徴する場面

第2話35分30秒頃の主人公の神崎真のセリフ「みのりちゃんのために来た気になっていた」。研究不正疑惑を告発した弱い立場の木島みのりにとっさに出た本心で、組織内外との板挟みで揺れ動きながら、自分で考えて行動した姿勢を示したものでした。発生した事案に対して組織内外の声を聞きながら中立的に判断して対処するのがセオリーですが、ともすれば、どちらか片方へと思い入れをしてしまうそうした担当者のリアリティが感じられました。

また同じ第2話46分頃の神崎真が木島みのりにかけた「恥ずかしくないように努力する」は、広報担当者としての判断基準を持つことの必要性に気づき始めたセリフともいえます。日本PR協会のホームページにも明示されているように、広報・PR活動は社会との信頼関係を築くためのものであり、行動・判断基準としての倫理綱領も定められています。危機管理広報の場面では予測不能なことが多く、どこかで勇気を持って決断する時があります。その時に何を信じるのか、ドラマにおいてもターニングポイントになることを感じさせる瞬間でした。

第3話8分30秒頃の神崎真の上司の石田広報課長が、後先の影響を考えずに正論を吐く室田教授に放った「ぬくぬくとして部屋の中で吠えやがって」。これは実際の現場も知らず「広報の仕事は情報発信をすることでしょ」くらいにしか身内に理解されていないことからくる、実務者のいらだちが声に出たシーンでした。ただこれは後に室田教授が神崎真と行動を共にしていく中で、現場を知り心境の変化がみられ、40分頃の「だから理想論者と呼ばれるのか」で歩み寄りをみせる回収がなされました。組織内部における広報業務に対する理解を得ることの難しさと同時に、広報担当者ならではの「教職員の枠や役職を越えて関りを深められる」というあまりクローズアップされることのない役割まで描かれ、可能性を感じさせてくれました。

すべての広報担当者へ

そして第3話48分頃の次回予告での三芳修総長の「真実を知りたければ自分で探すしかない」。これは後（第4話）に、信頼関係が失われている自分たち大学執行部への危機感から発せられた言葉です。筆者が本ドラマ中最も共感した場面でもありました。危機管理広報で必要な「事実関係の確認」ですが、往々にして待っているだけでは分からないことが多く、自分で確かめるしかない。行動・判断基準を持っていても何が事実なのか自分が理解していなければ勇気ある決断はできない。こうした場面に何度も遭遇した経験から広報は経営と一体であり、経営層への広報教育もまた重要だと改めて思いました。

このように本ドラマをあえて研究視点で読み解くと、広報的課題もリアルに描かれており、教材としても活用できる内容でした。それと同時に予測不能な出来事に直面した際に自身の行動の裏付けとなる事実関係を確認できる力、それは仮説を立て自分で検証できる力、専門性につながる研究力ともいえるかもしれませんが、広報担当者個人への研鑽を激励するメッセージでもあったのではないでしょうか。

【注】

（1）記事は、withnews サイト、https://withnews.jp にアクセスし、「大学広報」でキーワード検索。

第6章　大学広報研究編

２０２１年度に全国の国公立大学を対象に実施した「コロナ禍における国公立大学広報に関するアンケート調査」の結果分析や、筆者が大学広報の高度化に不可欠と考える「大学のメディア化」についてまとめました。

1 情報発信のバランスも注意

―学内とメディアをつなぐ 大学広報の役割とは―

2021年7月上旬、教育担当として国立大学を取材しているという、東日本のある地方新聞の社会部の記者から筆者宛てに相談メールがありました。「学長が替わってから非常に報道対応が厳しくなり、取材に困難をきたしている。取材の可否の判断から回答内容まですべて学長チェックが必要で、緊急性や公益性が高い取材であってもその日のうちに取材ができないこともある。大学広報のあり方について考えを聞きたい」という内容でした。筆者はメールを確認後すぐに記者に電話し、直接話を聞きました。「新聞社としても大学の広報対応を問題視しており記事化も検討している」とのことで、このままいくと一触即発の危険すら感じました。

新聞社と大学広報の関係性

全く関わりのない遠方の大学と地方新聞社の話ということもあり、「一般論にはなりますが」と前置きした上で「私も記者時代に同じ経験をしたことがあり、それが今につながっているのですが、主に2つのパターンがあります。ひとつは広報担当者の業務遂行能力に問題がある場合。もうひとつは学長（経営層）の広報に対する理解とメディア対応のイメージと取材するメディア側との間にギャップがある場合です」と答えました。記者からは「広報担当者には問題なさそうなのですが」とのことでした。

その地域を代表する大学トップ自らが地域世論の形成をけん引する地方新聞社との関係で「無意識的なのか意識的なのか」、結果的に不信感を深めてしまっているように受け止めました。筆者からは「記事化の前に新聞社としてもしくは記者クラブとして大学側と懇談や意見交換の場を設けたらどうですか？　無意識でこのような事態になっているのなら、広報の重要性を理解してもらう必要があるし、意識的だというのならなぜそうなのか、背景を確認して改善策を話し合うしかないのでは」と提案しました。

その後ホームページで公表している6年間の中期計画と2021年の年度計画を確認すると、「積極的に広報活動に取り組む」ことは明記されているものの、第4章でも取り上げた、何をもって成果を評価するのかの指標となる（数値）基準や目標値が盛り込まれていませんでした。これだと積極的に広報活動に取り組んだかは、当該部署の事業報告に対して客観的に評価できず感覚的もしくは報告をそのまま認めるといったことにもなりかねません。

もし成果指標と目標値が示されているのなら、メディア対応を強化して記事露出を増やすことは積極的な広報活動につながることであり、取材そのものが困難をきたす状況というのは考えられません。広報活動への理解を深める学びの場が、地方にこそ必要ではないかとさえ思いました。

大学広報のメディアリレーションズ

このように、大学とメディアとお互いの立場や役割において認識の差があることを目の当たりにしたわけですが、果たして、大学トップや広報担当者はメディアについてどれほど知っているのでしょうか？　メディアの特性を知ることはメディア対応強化を図る上では重要なはずですが、筆者もそういったことに詳しく言及しているのは、松林薫氏の『メディアを動かす広報術』くらいしか知りません。そこで主に関西からの見方（新聞でいえば大阪本社版中心）にはなりますが、大学の広報視点でのメディア特性をまとめます。

まず全国に取材拠点を持ち、東京、大阪、名古屋などの大都市圏にある大学が普段から意識することの多い大手全国紙です。これらの新聞社は大学担当の記者を配置し、大学に関する特集面を定期的もしくは不定期で設けています。社会部の中に大学担当が置かれることが多いですが、例えば読売新聞は東京本社教育部や大阪本社生活教育部（2024年に社会部に統合）が大学を担当しています。社会部系の記者が配置され、いわゆる事件記者のような特ダネ狙いは文部科学省に対して強く感じられます。

一部の国公立大学や大規模大学を除いて大学単体の取り組みではなく、入試改革や就職支援など大学業界のトレンドになりそうな取り組みのまとめや、政府の文教政策に対する反応などへの関心が高いです。医療や科学技術研究成果の取材は別の担当がつくこともあります。全国紙の全国面に載ると影響は大きいですが、基本は国公立や一部の大規模大学から取材を進めるため、中小規模の私立大学はまずは記者に大学名を覚えてもらう必要があります。

次に、各都道府県にほぼ存在する地方紙（地方新聞社）です。その地域では全国紙以上に読まれているため世論を左右する力があり、地方の大学は良好な関係を構築することで自大学の取り組みを地元の人に伝えることができます。ただ、冒頭で紹介したとおり、多くの地方紙は社会部の教育担当が大学も取材するというのが一般的で、それほど知識があるわけではありません（かつて筆者もそうでした）。

各大学は記者に対して文教政策の動向と併せて自大学の取り組みを積極的にレクチャーすることが、情報発信における他大学との差につながります。忘れてはいけないのは、地方紙はまず一番に重視すべき存在ですがそこにこだわり過ぎるとその地域以外の人に伝える機会を失ってしまうということです。全国紙はじめその他メディアとのバランスをいかにとるか、広報担当者の腕の見せどころです。

全体としてまとめると図表６−１を参照ということになります。新聞を中心にまとめたのは、

図表6–1　大学の広報担当からみた各メディアの特性

メディア	特性	影響範囲
大手 全国紙	○読売、朝日は担当部署・記者がより明確（社会部系） ○全国をカバーし異動のない編集委員が存在 ○全国面は複数の大学の動きをまとめる傾向	地方面と全国面があり、全国発信が可能
地方紙	○教育担当が大学も担当することが多い（社会部系） ○担当期間が長く長老的な記者が存在 ○規模の大小に関わらず単独でも記事になりやすい	発行されている各都道府県限定だが、当該地域への存在感は強い
テレビ	○委託先の制作会社スタッフが取材することも ○新聞、ネットを見て取材も。NHKは全国紙に近似 ○映像化が前提で、内容よりも映像次第の時も	映像のインパクト次第で新聞を上回る拡散力と影響力を持つ
一般雑誌	○教育系の記事を書ける記者は少なく、ほぼ固定 ○教育系ライターや専門家の寄稿が不可欠 ○販売重視のため東京中心の大学・話題に偏りがち	都市部の中高年層に限定されるためネット転載で幅広い年代をカバー
専門誌	◎システムやコンサルなど本業の営業ツールの一面も ○各大学の「名物」教職員が取材対象。寄稿も多い ○大学業界内での認知や存在感を高めるのに有効	大学・教育関係者限定だが、顕著な成果が出ればマスメディア取材の可能性も
Web メディア	○他メディアのニュース転載が多く、SNS連携が必要 ○プレスリリース転載や記事広告など純粋記事少ない ◎露出は増やしやすいが効果や質の検証が必要	Yahoo!ニューストップページに出れば影響大

そこからテレビや雑誌などに波及していくこと多いからです。特にテレビは関心を引くようなインパクトのある映像を撮影できるかが重要なポイントです。筆者が意外に狙い目だと考えているのが雑誌です。大学関係の記事を専門に書く記者やライターはそれほど多くいません。適切なアプローチをすれば、規模の大小に関わりなく記事化を獲得できる可能性が高く、成果につながりやすいといえます。ただ、先方は大学を専門に取材しているだけに、広報担当者側にも業界全体の知識と準備が求められます。本書でも広報担当者には日々の学び（研究）が必要との考えを繰り返していますが、結局はそこに行き着くのです。

2　広報専門職の登用は進むのか

―国公立大学アンケート　研究背景と調査内容―

２０２１年の個人研究は主に国立大学の広報活動の現状分析を研究テーマに設定しました。日本広報学会から研究助成を受け、２０２１年６月から７月末にかけてアンケート調査を実施しました。国公立大学の広報担当者の皆様にはこの場を借りて厚く御礼申し上げます。ここでは研究テーマの背景や調査結果の一部から興味深く思った点についてまとめます。

国立大学広報研究の背景

研究の背景は、本書で何度か引用している文部科学省の諮問機関の中央教育審議会大学分科会が2014年2月にまとめた「大学のガバナンス改革の推進について」（審議まとめ）で、専門性のある広報人材の必要性と登用の検討が盛り込まれたことです。特に国立大学においては前年の2013年11月にも「国立大学改革プラン」が出され、2016年度から6年間の中期計画において、「大学のガバナンス改革の推進について」と関連する学長を補佐するための高度専門職の創設が盛り込まれました。国立大学では専門的知見に基づいた広報活動が進むものと考えました。また国立大学は私立大学のような入学者の定員割れの危険性が少なく学生募集のための入試広報よりも、教育・研究を通じた社会貢献や人材育成の成果を発信し、社会的評価を高め社会全体に必要と認識される「大学広報」を重視することが、筆者の先行研究などからも分かっています。より正確な分析ができると考えました。

さらに国立大学は先に挙げた6年間の中期計画を中期目標とあわせて文部科学省が示した基本項目に沿って公表しており、広報活動に関する項目について比較がしやすいこともありました。そして筆者独自の強みとして、本書でも引用している2012年に文部科学省が実施した「大学等の広報に関するアンケート調査」（以下、2012年文科省調査）、2016年に筆者が実施した「大学における理念の効果と浸透策に関するアンケート調査」（以下、2016年調査）といった全国の国公私立大学の広報活動について調べたデータを保有しており、今回と過去との調査項目を合わせることで経年変化の確認ができることもありました。

以上の点からリサーチクエスチョンをまとめると「国（公）立大学における大学広報は、どのように進んでいるのか?」です。

広報担当部署、明示化の流れ

分析対象は大学院大学を含む国立大学86校と、比較対象として専門職大学を含む公立大学94校とし、私立大学は2022年度に実施することにしました。

各大学にアンケートを送るのに必要な送付リストを作成した際、2016年調査と比べると気づかされる点がありました。国立大学の場合、ネットの検索エンジンで大学名と適当な広報部署名を入れて検索すると、当該大学の担当部署がきちんと表示されるのです。2016年調査の時は広報担当部署が分からない大学も多く、「○○大学広報担当者様」で送付することもありましたが、今回はすべての大学に部署名を入れることができました。この5年で広報担当部署を学外に明示化する意識が進んだといえそうです。

一方、公立大学は筆者調べで約半数にあたる46大学で広報担当部署を明らかにできず、「○○大学広報担当者様」で送付しました。多くが医療系もしくは小規模の大学でした。

アンケートの内容ですが、リサーチクエスチョンに基づき「どうなっているのか」の視点を、冒頭で挙げた2013年の「国立大学改革プラン」、2014年の「大学ガバナンス改革の推進について」（審議まとめ）に求めました。具体的に設定した質問は、「2014年以前と比較して広報の重要性に関する理解や組織的充実が大学として進んだか」など現状認識に関するものや、2012年文科省調査と2016年調査との比較が可能な広報担当部署の組織における位置づけ、人員配置、専門人材の登用状況に関するもの、それに戦略的視点と専門性が必要な広報成果の測定に関するものなどです。これらの質問により「大学広報」が意識的、組織的、戦略的かつ専門的という多面的視点から「どのようになっているのか?」に迫ります。このほか2021年のトピックとして外せないコロナ禍の影響についても尋ねました。

アンケートの送付・回収は郵送とインターネットを併用しました。あらかじめ質問項目を印刷した用紙を各大学に郵送し、回答は用紙に記載したアドレスにアクセスして入力するよう依頼しました。その結果、国立大学は86校中42校（48・8%）、公立大学は94校中51校（54・3%）、それぞれ回収できました。発送から回収まですべて郵送で行った2016年調査の回答率は、国立大学が40・2%、公立大学が47・7%でしたので少し増えました。ただ、前回同様、わが国を代表する大規模大学からの回答が比較的少なく個人研究の難しさも感じました。

進む広報組織の充実

回答結果の一部の紹介です。現状認識に関する質問のうち「人員の増強、専門人材の登用など広報組織体制の充実が進んだ」に関する回答結果のクロス集計表が図表6−2です。統計的にも有意な結果でした。国立大学も公立大学も半数を超える大学で組織的充実が図られたと認識しています。特に公立大学は「あてはまる」の回答が29・4％と国立大学よりも高くなりました。

第3章でも公立大学の広報組織の整備が国私立大学の後を追うように進んでいることを紹介しましたが、興味深い結果です。一方で改めて全体を見ると、半数近くが否定的との見方でもあり、なかでも国立大学は以前からある程度の組織体制の整備はされていたことから、人員面の充実や専門人材の登用においては二極化の可能性が感じられました。

図表6−2　広報部署の開設、人員の増強、専門人材の登用など組織体制の充実が進んだ

	あてはまらない	あまりあてはまらない	ややあてはまる	あてはまる	合計
国立大学	7校（16.7%）	13校（31.0%）	18校（42.9%）	4校（9.5%）	42校（100.0%）
公立大学	3校（5.9%）	19校（37.3%）	14校（27.5%）	15校（29.4%）	51校（100.0%）
合計	10校（10.8%）	32校（34.4%）	32校（34.4%）	19校（20.4%）	93校（100.0%）

出所：2021年6月実施「コロナ禍における国公立大学広報に関するアンケート調査」より筆者作成。

3 2012年、2016年、2021年で比較
―経営層の関与に変化　国公立大学の広報組織―

前節に続いて2021年6月に全国の国公立大学の広報担当部署に対して行った、広報に関するアンケート調査（2021年調査）を取り上げます。前節では調査の背景や内容について説明しました。本節は2012年文科省調査と2016年調査との比較を行いながら「国公立大学広報の今」を組織面から考えます。

大学広報の役割と位置づけ

はじめに広報担当部署の業務範囲です（図表6―3）。これについては、「入試広報以外の広報業務を担当」「学生募集に関する広報（入試広報）も含めた広報業務全般」「広報専門の部署はなく、総務や企画担当部署が広報業務も担当」の3つの選択肢で質問しました。国立大学の広報担当部署の多くは、入試広報以外の大学全体の広報を専門とすることが定着していると思われます。一方、公立大学の2021年の結果は、2012年の水準に近い数値となりました。

さらに2016年調査と2021年調査両方に回答した21大学に限定して比較したところ、

図表6–3　国公立大学における広報専門部署の設置状況の推移

		回答大学数	入試広報を含めない大学広報専門	入試広報も含めた大学広報	総務や企画担当部署などが広報も兼務
国立大学	2021年調査	42校	76.2%	16.7%	7.1%
	2016年調査	33校	75.8%	9.1%	15.2%
	2012年文科省調査	85校	63.5%	36.5%	
公立大学	2021年調査	51校	13.7%	31.4%	54.9%
	2016年調査	41校	39.0%	22.0%	39.0%
	2012年文科省調査	65校	15.4%	84.6%	

出所：筆者作成
注１）2012年文科省調査は、文部科学省「大学等の広報に関するアンケート調査結果」（2012年10月）より引用。
注２）2012年文科省調査には「入試広報も含めた大学広報」か「総務や企画担当部署が兼務」かの内訳はない。

「入試広報も含めた広報業務全般」はいずれも23・8％、「入試広報以外の広報業務を担当」は２０１６年より19ポイント低下となる14・3％、「広報専門の部署はなく、総務や企画担当部署が広報業務も担当」が19ポイント上昇の61・9％という結果でした（図表６―４）。２０１４年のガバナンス改革に伴う高度専門職の議論を受け広報専門部署の設置が進んだものの、直近では再び総務や企画との関係を深め、元に戻したようにもみえます。

この質問に関連してもうひとつ、広報担当部署の大学における位置づけも尋ねています。２０１２年、２０１６年、２０２１年いずれも同じ内容を聞

図表6―4　公立大学における広報専門部署の設置状況の推移

		回答大学数	入試広報を含めない大学広報専門	入試広報も含めた大学広報	総務や企画担当部署などが広報も兼務
公立大学	2021年調査	21校	14.3%	23.8%	61.9%
	2016年調査	21校	33.3%	23.8%	42.9%

出所：筆者作成

いており、それをまとめたのが図表6―5です。2016年調査と2021年調査を比較すると、「学長など組織のトップ直轄である」は、国立大学についてはほぼ同じで2012年と比べても変化はありません。公立大学も同様ですが、2012年よりは低くなりました。次に「広報担当理事など組織のトップ以外の役員（理事）直轄である」です。2021年の国立大学は2016年より22・7ポイント低下し16・7％、公立大学も5・3ポイント低下し11・8％になりました。そして「経営層直轄ではなく他の部署と並列の組織」の2021年の国立大学は73・8％、公立大学が84・3％へとそれぞれ上昇しました。国立大学の広報担当部署の多くは、上述したように2012年以降も変わらず入試広報以外の広報業務を専門とする一方、より現場に近く独立性の高い組織として位置づけられているとみられます。今後は戦略面との関係をみた分析が必要です。

公立大学の広報担当部署は、入試広報以外の広報業務を専門とする大学が一時的に増えたものの入試広報をはじめ総務や企

図表6−5　広報担当部署の組織内の位置づけ

		回答大学数	学長など組織のトップ直轄	広報担当理事など役員（理事）直轄	他の部署と並列
国立大学	2021年調査	42校	9.5%	16.7%	73.8%
	2016年調査	33校	9.1%	39.4%	51.5%
	2012年文科省調査	85校	10.6%	22.4%	65.9%
公立大学	2021年調査	51校	3.9%	11.8%	84.3%
	2016年調査	41校	2.4%	17.1%	80.5%
	2012年文科省調査	65校	10.8%	9.2%	78.5%

出所：筆者作成
注1）2012年文科省調査は、文部科学省「大学等の広報に関するアンケート調査結果」（2012年10月）より引用。
注2）2012年文科省調査では「その他」の回答が若干あった。

画を兼務する大学が大半であり、現場の一担当という位置づけが強いとみられます。実際、回答元の部署名をみると、企画課、総務課、教務課、学生課、入試広報課など様々で「広報も兼務している」部署がいかに多いかがよく分かりました。公立大学を取り巻く環境は、地方創生の流れを受けた新設や地方私立大学の公立化、専門職大学の設立などの多様化に加え、地方自治体の政策的関与も強まっています。今後は各大学に直接話を聞くなどして事例の深掘りが必要だと感じました。

任期付きの登用に課題

次に広報担当部署の体制についてです。入試広報以外の広報業務を主に行っている（雇用期間の定めのない）専任職員の2021年時点の人数は、国立大学が平均2・98人、公立大学が平均1・37人でした。2016年の国立大学平均が3・28人、公立大学平均が1・4人ですが、同じ大学群での比較において統計的に有意な差はなく、5年間の変化は特にありませんでした。

最後に広報活動の高度化にもつながる広報専門人材の外部からの登用状況です（図表6―6）。2012年との比較になりますが、国立大学、公立大学ともに登用が進んでいるとはいえなさそうです。興味深いのは国立大学で「登用している」が減少したのに対応して「かつて登用していた」が増加している点です。高度専門職の登用は任期付

図表6―6　広報担当専門人材の外部からの登用状況の推移

		回答大学数	いる	かつてはいたが、今はいない	いたことはない
国立大学	2021年調査	42校	23.8%	21.4%	54.8%
	2012年文科省調査	85校	31.8%	8.2%	60.0%
公立大学	2021年調査	51校	7.8%	5.9%	86.3%
	2012年文科省調査	65校	7.7%	3.1%	89.2%

出所：筆者作成
注）2012年文科省調査は、文部科学省「大学等の広報に関するアンケート調査結果」（2012年10月）より引用。

きであることが多く、政府の専門会議でも問題としてよく挙げられますが、そのことを示唆しているように思いました。

国公立大学広報を組織の点からみてきましたが、皆さんはどう思われたでしょうか。

4 大学広報の第4段階
―ステークホルダー共創型へ　大学のメディア化への展望―

本節は2019年4月に大学業界で初めて提唱し、第4章でも紹介した「大学のメディア化」を掘り下げます。というのも、第1章で示した筆者が考える大学広報の発展段階は、第1段階の「入試広報としての大学広報」、第2段階の「PR（パブリックリレーションズ）としての大学広報」、それに第3段階の「経営機能としての大学広報」でした。しかし、SNSとスマートフォンの普及により、いつでも誰もが情報発信できる「1億総メディア化」ともいえる現代において、個人だけでなく組織、特に知の集積の場である〝大学〟もまた強力なメディアとなりうる可能性を秘めています。

この強みを活かして「個人メディア」の教職員を結集して大学自体をひとつの大きなメディ

アへと変革（トランスフォーメーション）させることで社会的存在意義を高めるのが、筆者の考える大学のメディア化です。

大学広報4・0に向けて

この動きはすでに始まっており、実感としては第3段階の「経営機能としての大学広報」を進めていくと、否が応でもメディア化を考えることになると確信しています。その意味において大学広報の第4段階、「大学広報4・0」ともいえるでしょう。

また大学のメディア化は研究力の高い国立大学や大規模私立大学はもちろん、中小規模の公私立大学にも求められる概念だと考えています。単に情報発信を強化すればよいというものではなく、組織自体を変革するわけで

図表6–7　メディア化する大学の役割・機能

	メディア化する大学（大学のメディア機能）	マスメディア・ネットメディア
ニュース化の契機	教育・研究成果（発掘）	発生
内容	調査・研究	事件、事故、発表
取材の視点	独自視点	一報後は横並び一斉
評価	深さ	早さ（抜いた抜かれた）
取材スキル	専門知識が必要	誰でも可能
信頼性	高い	低い、間違いやすい
競合	大学や研究機関	多い

出所：筆者作成

すから規模の大小は関係ありません。

大学のメディア化の構造としては、第4章で紹介したとおり、大学の持つ最先端の知見をSNSとオウンドメディアで発信し、検索エンジンなどのプラットフォームやウェブメディアを介して既存マスメディアをつなげ、より多くの人に大学の取り組みを「認知」してもらうというのが基本です。

しかし、単なる認知ではなく大学がメディア化するからこそ求められる役割や機能が確かにあります。それについて既存のマスメディアやネットメディアとの比較で考えたのが、図表6—7です。

専門性の高い情報を社会的価値に

先にマスメディア、ネットメディアから考えますが、その役割をあえて一言でいうと「速報性」に尽きます。事件、事故、災害など誰もまだ知り得ていないが「存在している情報」をいかに速く世に出すかが優先かつ重要であり、記者ら取材者は日夜ネタを追い求めて東奔西走しています。

しかし、「存在している情報」の入手の速さを競う以上、情報自体にあまり価値がなかったり、時にはその情報自体が誤りであったりすることがあります。しかも取材に特別なスキルが求められるわけではないので競争相手も多く、そのため発信された情報も玉石混交で受け手も一定の情報リテラシーが必要です。

これに対してメディア化した大学は、「存在するかすらも分からない情報」もしくは「すでに知っている情報」を研究者の専門知識で発掘、または独自に再編集した情報を発信します。

専門知識に基づく情報は信頼性が高く他の追随を許しません。もちろん、専門的な情報のままでは専門家以外には分かりにくく伝わらないため、それを分かりやすく社会的にも意味のあるものへと変換する作業が必要です。その変換作業を担うのが広報担当者であり、ここに大学の独自性が出ると考えています。

大学情報プラットフォーム化へ

第4章で取り上げた、追手門学院大学のオウンドメディアOTEMON VIEWは、こうした考えのもとに企画・運用しています。その効果は、各種マスメディアからの「OTEMON VIEWの記事を見て教員にコメントをお願いしたい」「OTEMON VIEWの内容をぜひ市民向けに講演してほしい」という依頼が増えるにつれ実感しています。それはとりもなおさず図表6−7で示したメディアとしてとらえた大学の機能を具現化したものであり、既存メディアと補完関係にあるからだと考えています。

さらに筆者は大学のメディア化にはその先があるとみています。究極的に行きつくところは、大学それ自体が既存のマスメディアのような情報プラットフォームになることです。そしてその流れは徐々に進んでいると思います。

東京大学や京都大学のようにわが国を代表する大学はもちろん、一部の大規模私立大学にはその傾向が見られますし、すでにそのことを意識して広報展開している私立大学もあるように思います。

オウンドメディア、自大学のSNSをはじめネットメディアや検索エンジンを取り込むことで、より多くのステークホルダーに直接的に情報発信することが可能となり、「何か気になることがあるからまず○○大学のサイトを見よう」「検索で得られたこの重要な情報は○○大学からの発信だったのか」という具合にマスメディア化する大学。それは大学の社会的価値や公共性をさらに高めることにもつながります。

そうした大学に求められる情報発信は、大学の立場を重視したストーリーによるステークホルダーへの説得型のアプローチではなく、第4章でも触れたナラティブによる共創型のアプローチになるでしょう。社会課題に対して大学の研究および専門知見を活かし、ステークホルダーと一緒にその対処方法を考えるコミュニケーション活動。広報が本来意味するPublic Relationsそのものなのです。

5 大学広報とは何か

―視点はジャーナリスティック　社会と大学をつなぐ―

「アカデミズムはジャーナリスティックに、ジャーナリズムはアカデミックに」。

この言葉を知ったのは、2019年2月20日付日本経済新聞朝刊に掲載された、教育社会学者の竹内洋氏のインタビュー記事「文系学部存続の道」からです。大学の文系学部の生き残り策を問われた竹内氏は、研究成果の社会的有用性の伝え方の必要性を強調し、冒頭の言葉を社会学者の清水幾太郎からの引用とした上で、「一般に理解される表現方法をもう少し取り入れる気持ちを持たないとだめやということ」と述べています。

最後にあたり、大学広報を考える上で筆者が重要だと思っているこの考え方と、残された課題をまとめます。幸いにも筆者は浅いながらもジャーナリズムもアカデミズムも両方経験しています。冒頭の言葉は大学広報の根本的な考え方を端的に表現したものともいえ、筆者の研究と実践の心の支えになっています。

求められる編集者兼記者の能力

大学が社会の要請に応えた人材を育成できていないとの意見や人文系学部不要論など、大学業界全体に寄せられる厳しい意見をたどっていくと、その源流のひとつは、大学側が教育・研究の成果を「一般に理解される表現方法」で社会と十分なコミュニケーションをとってこなかったことにあると思わざるをえません。それはとりもなおさず筆者がNHK記者時代に、ある国立大学を取材した際に経験した、広報担当者すら自大学のことに興味がなく、たとえ知らなかったとしても調べようともせず「私は知りません。そちらで関係先に取材してください」と平然と回答するコミュニケーション以前の姿勢に象徴されると思います。

もちろん、今やそうした広報担当者はいないと信じていますが、本章でも紹介した、ある地方新聞記者からの大学の広報対応への疑問を聞くと、「広報担当者はともかく、その上位にある経営層は旧来の価値観のままかもしれない」と危惧を抱きます。

「アカデミズムはジャーナリスティックに、ジャーナリズムはアカデミックに」は、大学とメディアとの関係はもちろん、大学と社会との関係を考えたものです（図表6―8）。

前節で大学のメディア化と既存マスメディアの機能を比較しました。その際、大学のメディア化のカギを握るのは、大学のアカデミックな情報を社会的に価値ある情報に変換する広報担当者だと説明しました。この「社会的に価値ある情報」に変換するのに必要な視点がジャーナ

図表6—8　大学とメディアとの関係、大学と社会との関係

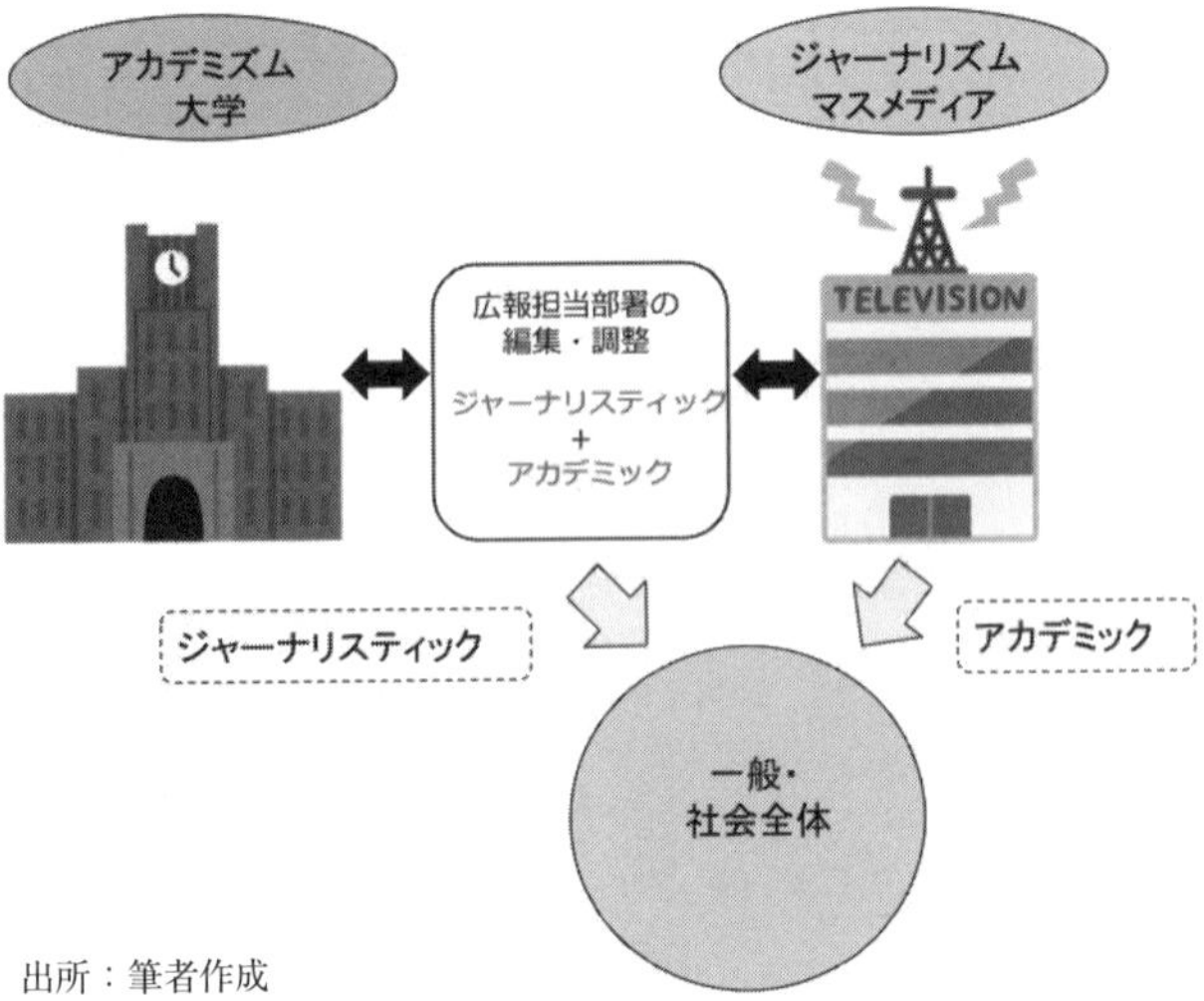

出所：筆者作成

リズムです。その意味で広報担当者は大学のメディア化と既存マスメディアの間を行き来する編集者兼記者としての能力がより一層求められるでしょう。もちろん前提として大学自体がそこに取り組む姿勢を示さなければならず、経営層への広報教育も並行して進めていかなければなりません。

総合プロデューサーとしての広報

近年、政府の政策誘導もあり大学業界は情報公開ブームの様相を呈しています。しかし、その情報公開も文章やデータを羅列して「ホームページに掲載して終わり」ではなく、ジャーナリスティックに初めて見た人が理解できる形で提示する

ことが、本来求められていることでしょう。こうした姿勢と伝え方の基本があってはじめて、信頼やそれに基づくブランドイメージの形成につながるのではないでしょうか。

そう考えるとこれからの広報担当は、プレスリリースを書くのがうまいとか記者との人間関係をつくるのが得意といったスキル的なことだけではなく、自大学を客観視し、社会情勢を捉えてアカデミックな大学内の情報をジャーナリスティックに編集し、ＳＮＳやオウンドメディアを駆使しながらマスメディアや社会とコミュニケーションをとる、プロデューサーとしての総合力が、広報の専門性としてより比重が高くなるでしょう。

そこには当然ながら、広報目標の設定と成果を評価する能力、何より広報する側としての判断の基準となる倫理感を兼ね備えてなければなりません。様々な広報施策を実施したとしても、成果を正しく振り返り次につなげることができないからです。

と、ここまで書いてふと思い返しました。ある教育ジャーナリストから受けた「本書の内容がそもそもジャーナリスティックですよね。広報担当者や取材側が普段感じていることを、アカデミックな視点もありながらジャーナリスティックにまとめている。そこが新しい」という指摘です。知られざる大学広報の世界をより広くより深く知ってもらおうと、業界全体を俯瞰する中に私立大学の代表としての追手門学院大学での取り組みを位置づけながら、マクロ的かつミクロ的に解説してきたことが、そうした批評につながったかとうれしく思いました。それと同時に手ごたえも感じました。

冒頭の竹内氏の一節は、大学業界全体に向けられたものではありましたが、大学のアカデミズムにも大学の外にあるジャーナリズムにも日ごろから接し、大学と社会とのコミュニケーション活動を牽引する広報担当部署が、担わなければならない役割であり、備えなければならない機能でもあるのです。

大学広報を自治体にも横展開

本書では国際広報など網羅しきれなかった分野はありますが、大学広報の入門書として活用いただければ幸いです。また、「業界は異なっても広報の根本は同じである」という考えのもと、地方自治体の広報、行政広報の分野にも横展開しています。２０２１年11月から兵庫県三木市という人口７万６千人の市の広報アドバイザーを務め、広報課題について担当職員と議論しています。大学と重なる部分も多く、これまでの実績が応用できる可能性を感じています。自治体でも戦略的な広報活動を担う人材が不足しています。本質的な広報の考え方や戦略の策定の仕方を複業という形で提供する今回の挑戦は、この問題の解決策のひとつであり、自ら実証したいと考えています。

引き続き、研究と実践を通じて広報業界全体に貢献していきたいと思います。

本文中で挙げたもの以外の主な参考文献

朝日新聞出版『大学ランキング』２０２２年
朝日新聞出版『大学ランキング』２０２１年
朝日新聞出版『大学ランキング』２０２０年
天野郁夫『大学の誕生』上・下、中公新書、２００９年
いとうとしこ『売れるキャラクター戦略〝即死〟〝ゾンビ化〟させない』光文社新書、２０１６年
井関崇博「大学におけるYouTubeチャンネルの活用実態」『広報研究』第25号、２０２１年
伊吹勇亮他『広報・PR論 - パブリック・リレーションズの理論と実際』有斐閣ブックス、２０１４年
伊吹勇亮・国枝智樹「日本の大学における広報教育の現状 ―２０１９年調査の結果と考察―」『広報研究』第25号、２０２１年
岩崎保道編著『大学の戦略的経営手法』大学教育出版、２０１６年
岩崎保道・谷ノ内識他「大学事務職員の大学院における学びの成果」『高知大学教育研究論集』第19号、２０１５年
岩田雅明『大学の戦略的広報 学校を変える秘密兵器』ぎょうせい、２０１４年
岩田雅明『生き残りをかけた大学経営の実践―消えゆく大学にならないために―』ぎょうせい、２０１８年
影浦誠士『見込み客の心をつかむウェブマーケティング戦略』幻冬舎、２０１５年
金子元久『大学の教育力』ちくま新書、２００７年
苅谷剛彦『大衆教育社会のゆくえ』中公新書、１９９５年
苅谷剛彦『アメリカの大学・ニッポンの大学』中公新書ラクレ、２０１２年
苅谷剛彦『イギリスの大学・ニッポンの大学』中公新書ラクレ、２０１２年

吉川徹『学歴分断社会』ちくま新書、2009年
栗田朋一『新しい広報の教科書』朝日新聞出版、2014年
栗田朋一『現場の広報担当2500人からナマで聞いた 広報のお悩み相談室』朝日新聞出版、2018年
小林哲夫『ニッポンの大学』講談社現代新書、2007年
小林弘人『メディア化する企業はなぜ強いのか？～フリー、シェア、ソーシャルで利益をあげる新常識』技術評論社、2011年
小林雅之『進学格差―深刻化する教育費負担』ちくま新書、2008年
柴山慎一『コーポレートコミュニケーション経営』東洋経済新報社、2011年
ブライアン・ソリス他『新しいPRの教科書』花塚恵訳、海と月社、2011年
高野篤子『アメリカ大学管理運営職の養成』東信堂、2012年
高野篤子『イギリス大学経営人材の養成』東信堂、2018年
橘木俊詔『早稲田と慶応―名門私大の栄光と影』講談社現代新書、2008年
橘木俊詔『日本の教育格差』岩波新書、2010年
橘木俊詔『公立VS私立 データで読む「学力」「お金」「人間関係」』ベスト新書、2014年
谷ノ内識「中堅私立文系大学のブランド戦略」『大学行政管理学会誌』第17号、大学行政管理学会、2013年
谷ノ内識「大学における広報活動の効果に関する研究 ―大学職員を対象とした調査結果をもとに―」『広報研究』第18号、日本広報学会、2014年
谷ノ内識「大学理念の職員に対する効果的な浸透策に関する研究」『広報研究』第20号、日本広報学会、2016年
谷ノ内識「大学経営における理念の浸透の研究」博士学位論文、同志社大学、2018年
谷ノ内識「大学における理念の浸透の研究―全国大学調査をもとに―」『大学職員論叢』第9号、大学基準協会、

２０２１年
東京大学 大学経営・政策コース編『大学経営・政策入門』東信堂、２０１８年
中島茂『その「記者会見」間違ってます！―「危機管理広報」の実際』日本経済新聞出版、２００７年
日本パブリックリレーションズ協会編『広報・ＰＲ概説』２０１８年、同友館
日本パブリックリレーションズ協会編『広報・ＰＲ実践』２０１８年、同友館
本田哲也『ナラティブカンパニー：企業を変革する「物語」の力』東洋経済新報社、２０２１年
松林薫『メディアを動かす広報術』宣伝会議、２０２１年
宮武久佳『「社会人教授」の大学論』青土社、２０２０年
両角亜希子『私立大学の経営と拡大・再編―１９８０年代後半以降の動態』東信堂、２０１０年
両角亜希子『学長リーダーシップの条件』東信堂、２０１９年
両角亜希子『日本の大学経営　自律的・協働的改革をめざして』東信堂、２０２０年
両角亜希子「マネジメント改革と大学の現場」『ＩＤＥ』２０２０年11月号
矢野眞和『「習慣病」になったニッポンの大学―18歳主義・卒業主義・親負担主義からの解放―』日本図書センター、２０１１年
吉見俊哉『大学とは何か』岩波新書、２０１１年
吉見俊哉『大学は何処へ』岩波新書、２０２１年
トム・ワトソン、ポール・ノーブル『広報・ＰＲ効果は本当に測れないのか？』林正他訳、ダイヤモンド社、２００７年

ほかに『月刊広報会議』『月刊宣伝会議』『週刊ダイヤモンド』『週刊東洋経済』『日本経済新聞』『朝日新聞』などの雑誌・新聞や文部科学省のホームページ、各大学の公式ホームページを参考にした。

あとがき

「ひとつご相談したいことがありまして」と、『月刊広報会議』の当時の編集長から筆者にメールがあったのは、博士の学位を修得して半年後の2018年9月のことでした。

「なんの相談だろう」と思って、編集長の来阪の折に話をうかがいにいくと「『月刊広報会議』で大学広報について連載しませんか？」という依頼でした。その場で「ぜひお願いします」と即答する一方で、「なぜ私なんですか？　関西にはもっと大きな大学で活躍されている方もいますよ？」と聞き返したのを鮮明に覚えています。編集長からは「大きな大学ではないから良いのです。大きな大学が取り組んでいることは、参考にしようと思ってもできることばかりではないですし、日本の大学の大半は中小規模の大学です。その点、追手門学院での取り組みは規模に関係なく参考になると思ったので」ということでした。そしてさらに「連載をするのは結構、大変なんです。その点、谷ノ内さんは書けると思ったので」と期待というかプレッシャーもいただきました。

振り返れば確かに、世に出ている大学の広報に関する書籍は個別の大学の事例だったり、学生募集を目的とした入試広報に関するものだったりで、入試広報以外の広報、いわゆる「大学広報」の現状と課題、考え方や大学業界全体を分析したものは見当たりませんでした。

「無いからこそ研究者でもある自分がやるべきではないか」「何よりそれをやることが大学業界、大学広報、大学職員のことを知ってもらうことに貢献できるのでは」と思い、このことが各連載記事の構成コンセプトになりました。

具体的には、それぞれの広報テーマについて大学業界全体の分析・考察を行った後に、関連する事例の一つとして追手門学院の取り組みを紹介する「マクロからミクロへと流れる構成」と、追手門学院の取り組みから大学業界全体を俯瞰する「ミクロからマクロへと流れる構成」の2つです。追手門学院の取り組みをそのまま真似してもらうのではなく、その背景や考え方を参考にしてもらい、自大学の組織文化にあった取り組みへと落とし込んでいただくことを意図しています。実際、面識のなかった様々な他大学の職員から「広報に関する考え方を学ばせてもらいました」という感想を直接いただいたときは、「伝わっているんだ」とうれしく思いました。

一方で、「考え方はわかるけど、結局どうしていいか分からないから何をしたら良いのか教えてほしい」という声も間接的に聞く機会もありました。この声に応える記事も書いたつもり（具体的には第24回）ですが、その実行すら難しいのではないかという場面に遭遇することもしばしばあり、まだまだやるべきことはあるのだと感じています。また国立大学では関心の高い研究広報やグローバル広報などはカバーしきれておらず、これらも今後の課題です。ぜひ本書および『月刊広報会議』の連載記事へのご意見・ご感想をお寄せください。

「6回くらい続けてできそうだと思ったら、あとは自由に続けてもらってよいですよ」という編集長の言葉を真に受け、連載を始めて3年、このたび30回分の内容をまとめて出版することでひとつの区切りをつけることができました。出版にあたり、『月刊広報会議』編集部はもちろん、筆者の持ち込み企画に興味を示し出版に尽力くださった株式会社大学教育出版、「大学や企業の広報担当者、大学職員それに一般の方にも手にとってもらいやすい価格にしたい」と出版助成を申請し採択してくださった大学行政管理学会の三者に改めて厚く御礼申し上げます。

2021年10月

大学キャンパスでのドラマ撮影に立ち会う中で

谷ノ内　識

■著者略歴

谷ノ内　識（たにのうち　さとし）

大正大学地域創生学部 地域創生学科教授
1977年愛媛県伊予市生まれ
1999年NHK入局、記者
2006年追手門学院専任職員。広報課長、理事長室次長を経て2024年から現職
2018年同志社大学大学院総合政策科学研究科博士後期課程修了
博士（政策科学）。専門は広報・PR論。特に大学広報、行政広報
日本広報学会 理事、一般社団法人国際CCO交流研究所 理事
兵庫県三木市広報 アドバイザー

『大学広報を知りたくなったら読む本』で第17回日本広報学会賞（教育・実践貢献賞）受賞。

共著に『大学の戦略的経営手法』（大学教育出版）2016年。

増補版 大学広報を知りたくなったら読む本

2021年12月30日　初　版第１刷発行
2022年10月25日　初　版第２刷発行
2024年10月30日　増補版第１刷発行

■著　　者── 谷ノ内識
■発 行 者── 佐藤　守
■発 行 所── 株式会社 大学教育出版
〒700-0953　岡山市南区西市855-4
電話（086）244-1268（代）　FAX（086）246-0294
■D　T　P── 難波田見子
■印刷製本── モリモト印刷（株）

ISBN978－4－86692－327－7